मछलियाँ गायेंगी
एक दिन पंडुमगीत

मछलियाँ गायेंगी एक दिन पंडुमगीत

बस्तर की लोक संस्कृति एवं जनचेतना पर केन्द्रित कविताएँ

पूनम वासम

युवा वाणी

वाणी प्रकाशन

वाणी प्रकाशन
4695, 21-ए, दरियागंज, नयी दिल्ली 110 002
फ़ोन : +91 11 23273167 फ़ैक्स : +91 11 23275710

शाखाएँ
अशोक राजपथ, पटना 800 004, बिहार
कॉफ़ी हाउस कैम्पस, महात्मा गांधी मार्ग, इलाहाबाद 211 001, उत्तर प्रदेश
महात्मा गांधी अन्तरराष्ट्रीय हिन्दी विश्वविद्यालय, वर्धा 442 001, महाराष्ट्र
सुल्तानिया रोड, मोतिया पार्क, भोपाल 462 001, मध्य प्रदेश

www.vaniprakashan.com
marketing@vaniprakashan.in
sales@vaniprakashan.in

Machhliyan Gayengi Ek Din Pandumgeet
by Poonam Vasam

ISBN : 978-93-5518-050-6
Poetry Collection

प्रथम संस्करण 2021

मूल्य : ₹ 299

आर. टेक ऑफ़सेट प्रिंटर्स, दिल्ली-110032 में मुद्रित

वाणी प्रकाशन का लोगो मक़बूल फ़िदा हुसेन की कूची से

प्यारे शैलेश वासम, हनी, इंनु,
अम्मा, नाना के लिए।

आत्मकथ्य

एक ऐसी जगह है जहाँ घड़ियाँ उल्टी घूमती हैं और इन्सान सीधे। एक ऐसी जगह है जहाँ का देवता पक्की छत नहीं माँगता वह झुरमुट के नीचे रह लेता है। एक ऐसी जगह है जहाँ गुफाएँ हैं, जहाँ गुफाओं में मछलियाँ हैं, कहा जाता है कि वह अन्धी हैं, बावजूद उसके वो पूरी सभ्यता को एकटक देखती रहती हैं। एक ऐसी जगह है जहाँ नदियाँ हैं, झरने हैं, पहाड़ हैं, जंगल हैं, बावजूद उस मिट्टी में अपनी हड्डियाँ गला देने वाले पैरों के नीचे ज़मीन का एक टुकड़ा भी नहीं। एक ऐसी जगह है जहाँ लोहे के पहाड़ हैं, खनिज सम्पदा का भण्डार है फिर भी पेट का भर जाना वहाँ आज भी उत्सव है। एक ऐसी जगह है जहाँ पेज से भरा तूम्बा लड़ता है भूख व प्यास के ख़िलाफ़, जहाँ तूम्बा का कन्धे पर लटकना प्रतीक है मानवीय सभ्यता के बचे रहने का। एक ऐसी जगह है जहाँ मृत्यु के बाद भी मृतक ज़िन्दा रहता है अपने ही 'मृतक स्तम्भ' के मेनहीर में।

एक ऐसी जगह है जहाँ देवता को भक्त की मन्नत पूरी न करने पर सज़ा देने का प्रावधान है, बावजूद इसके सभ्यता की अदालत में उन्हें असभ्य ठहराया जाता है। एक ऐसी जगह है जहाँ बहुत कमज़ोर हाथों से यह उम्मीद की जाती है कि ताड़ को झोंक लें अपनी हथेलियों में; बावजूद 'ताड़–झोंकनी' के क़िस्सों में वे लोग अमर नहीं हो पाये।

एक ऐसी जगह है जहाँ की सभ्यता में तमाम लोकाचारों और प्रकृतिजन्य अनुशासनों के बाद भी 'कुछ' गड़बड़ है और यह जो गड़बड़ है, मैं उसे भाषा देने की कोशिश करती हूँ। मैं सैकड़ों साल से महुआ बीनती अपनी पुरखिन की टोकरी के खालीपन को अपनी भाषा से भरना चाहती हूँ। इसी जगह पर मेरा पुरखा बहुत सालों से अपने धनुष की प्रत्यंचा बार–बार बाँध रहा है उसकी कमानी बार–बार फिसलती है। मेरा पुरखा कई बार थक कर मर चुका है।

मैं उसे देखती हूँ और अपनी भाषा में चीख़ती हूँ।

अनुक्रम

धनकुल का सुर

तुम्हारे लौट आने मात्र से लौट आयेगा
गाँव का पुराना तालाब
हँसने लगेगा महुए का पेड़
तिरडुड्डी[1] भी अपना मौन व्रत तोड़कर
एक साथ छनक उठेंगी

तुम लौटोगे तो लौट आयेंगी पोलई[2] की ख़ुशियाँ
एक बार फिर धोरई बाँधेगा बैलों को गोठान में
जेठा और चुई पहनाकर

तुम्हें पता है न कि सिंगोटी[3] देखना शुभ माना जाता है।

धनकुल[4] का सुर लग ही नहीं रहा
तुम्हारी उँगलियों के छुअन के बिना

---

1. दण्डामी–माड़िया नृत्य के दौरान उपयोग की जाने वाली लोहे की छड़ी जैसा उपकरण जिसे नृत्य के दौरान धरती पर बार–बार पटकने से खनक पैदा होती है।, 2. धान की मिंडाई के बाद जब कुछ विशिष्ट जातियों के लोग तथा चरवाहे खेत मालिक के घर जाते हैं तब उन्हें भेंट के रूप में धान दिया जाता है। बस्तर में हल्बी–भतरी परिवेश के बीच यह प्रथा प्रचलित है।, 3. गाय–बैलों की पूजा के बाद उनके सींग पर नया कपड़ा बाँध दिया जाता है फिर उन्हें दौड़ा दिया जाता है, उस कपड़े को चरवाहे निकालते हैं। इस प्रथा को सिंगोटी देखना कहते है।, 4. हंडी, सूप, धनुष और बाँस का प्रयोग करके बनाया गया एक वाद्य यन्त्र।

सारे देवी–देवताओं का जी उकता गया है तुम्हारे इन्तज़ार में
चौपाल का सूनापन झेलते–झेलते नीम का पेड़ बुढ़ा रहा है।

उसके झुर्रीदार तने,
तुम्हारी खोयी हुई हँसी के दानों को
स्मृति–चिन्ह के स्तम्भ में एक–एक कर चिपका रहे हैं

खलिहान को मस–डाँड[1] से घेरने के बाद भी वहाँ
दुख की पकी फ़सल का ढेर लगने लगा है।

पान–टुटानी का काम अधूरा है,
देव–डँगई का रंग भी फीका है एक तुम्हारे न होने से

नागर धरला भीम, पानी देला इन्दर
वाली कहावत में जान फूँकने वाले तुम अन्तिम कड़ी हो।

मुझे यक़ीन है कि तुम आओगे लौटकर
जंगल की अँधेरी छाँव वाली गुफा के सारे
तिलिस्म तोड़कर

तुम भेजोगे एक दिन अपने 'बाबा' को मेरे घर
फूल खोंचने[2]

तुम्हें यह जानकर ताज्जुब होगा
कि आज भी पूरा गाँव मरमी पाटा[3] गाने के लिए उत्सुक है
सिर्फ़ तुम्हारे लिए,

कि तुम्हारे लौट आने की ख़बर मात्र से
लौट आयेंगी कैलेंडर की सारी बीती तारीख़ें

---

1. खलिहान में रखे गये धान को कोई चुरा न ले इसलिए कोयले से खलिहान के चारों तरफ़ पूजा करके लकीरें खींच दी जाती हैं।, 2. लड़की के घर वर पक्ष से घर के बुजुर्ग जाकर रिश्ता तय करते हैं।, 3. विवाह–गीत।

गमपुर[1] के लोग

हम तलाश रहे हैं
मंगल ग्रह पर पानी के बड़े–बड़े तालाब।
हम ढूँढ़ रहे हैं वर्षों से एलियन होने के सबूत!

दुःखी हैं हम
धरती से डायनासोर की प्रजाति के विलुप्त होने पर
हमने ब्रह्माण्ड के चप्पे–चप्पे पर किसी–न–किसी रूप में
दर्ज करवाई है अपनी उपस्थिति

हमने साधा है विज्ञान को
कुछ इस तरह कि ज़रूरत के वक़्त
पूरी धरती विस्थापित कर सकें किसी अन्य ग्रह पर
वो भी बिना किसी खरोंच के

ख़ुश हैं दुनिया के तमाम लोग
अन्तरिक्ष से चीन की दीवार देखकर
मोहित हैं पृथ्वी के नीले रंग पर

हरे रंग का मोह अब नहीं रहा पहले जैसा
ऐसी किसी दूरबीन का आविष्कार क्यों नहीं किया तुमने गैलीलियो।

---

1. बीजापुर ज़िले का एक अन्दरूनी गाँव।

जिसमें दिखाई देता
गमपुर भी देश के नक़्शे पर!

लोग जान पाते
एक गाँव की आत्महत्या की कहानी।

अरे मैं सच कह रही हूँ गाँव भी आत्महत्या करते हैं भई
ऐसे ही जैसे गमपुर ने ले ली है जंगल–समाधि।

गमपुर को कोई नहीं जानता
और गमपुर भी किसी को नहीं जानता।

गमपुर के लोगों की प्यास नदियाँ बुझा देती हैं।
भूख जंगल का हरापन देखकर मिट जाती है

जीने के लिए
इन्हें कुछ और चीज़ों की ज़रूरत ही नहीं

गमपुर के लोगों को सूरज के चमकने और बुझने के विषय में
कोई जानकारी नहीं।
इन्हें लगता है दुनिया इतनी ही बड़ी है
जितनी उनकी ज़रूरतें।

कभी–कभी लगता है
इस गाँव का नामकरण कोई सोची–समझी साज़िश तो नहीं!

न राशन–कार्ड
न आधार–कार्ड
न अक्षर–ज्ञान

उनके क़हक़हों के बीच पता नहीं कहाँ से आकर गिर पड़ती हैं
मूक उदासियाँ।

ये लोग हवा में उच्छ्वास छोड़ते हैं और देखते हैं
आकाश की ओर
इन्हें लगता है कि आकाश की आँखें हैं,
आकाश अपनी आँखों से निहारता है गमपुर को
ऐसे जैसे एक वही जानता हो गमपुर को!

इस बीच जब कोई उन्हें हिलाता है तो वह चौंक पड़ते हैं
और हँस देते हैं

चूँकि उन्हें कठिन दिनों में हँसने के सिवा कुछ नहीं आता
इसलिए वह बहुत बार
कुछ भी न कह कर बस हँस देते हैं

हँसी उनकी भाषा का सबसे सुन्दर शब्द है
जिसके लिए बहुत बार उन्हें ज़रूरत नहीं पड़ती
संसार की किसी भी भाषा की।

गमपुर के लोग अ–परिचय को पछाड़ कर
ढूँढ़ लेते हैं परिचय से भरा हुआ
एक ब्रह्माण्ड!

वह ढूँढ़ने की तमाम प्रक्रियाओं में बार–बार ढूँढ़ लेते हैं
'खुद' को और तब एक बहुत बड़ी दुनिया बेहद मामूली
हो जाती है उनके लिए
उच्छ्वासों और हँसी की भाषा से वह बार–बार हरा देते हैं
उस राजकीय

अभिलेख को,
जिसमें एक भाषा थोड़ी बेहया होते हुए बहुत कठोरता से कहती है
कि उद्दण्ड हैं गमपुर के लोग!

मुक़दमा

हज़ारों वृक्षों की हत्या का मुक़दमा
दायर किया बची–खुची पत्तियों ने
बुलाया गया उन हत्यारों को
दी गयी हाथ में गीता
क़सम भी खाया भरी अदालत में
कि जो कुछ कहेंगे सच कहेंगे
कहा भी वही जो सच था!

अदालत ने भी माना कि
वृक्षों की हत्या कोई सोची–समझी रणनीति नहीं थी
और न ही कोई साज़िश रची थी हत्यारों ने
क़सूर तो था वृक्षों का जिन्होंने की थी कोशिश
धरती को सूरज की तपिश से बचाये रखने की

मूर्ख थे सारे के सारे वृक्ष
मान बैठे ख़ुद को चाँद की मौन किरणों की भाषा का
सबसे बड़ा अनुवादक!

थी बादलों से भी इनकी साँठ–गाँठ
इसलिए रोप आते थे धरती की कोख में

असंख्य नन्ही–नन्ही बूँदों को
नीले समन्दर की खेती के लिए

मूर्ख थे सारे के सारे वृक्ष
कंक्रीट के जंगलों में उगाना चाहते थे गुलमोहर के फूल
मधुमक्खियों से इनकी अच्छी जमती थी
इसलिए बाँट आते थे तितलियों को
उनके हिस्से का दाना–पानी

अपनी हवाओं के बदले
हमारी साँसें रखना चाहते थे गिरवी
इसलिए उन सारे वृक्षों को उखाड़ कर फेंक दिया
जिनकी जड़ें जुड़ी हुई थीं हमारे हिस्से की मिट्टी से!

मूर्ख थे सारे के सारे वृक्ष इन्हें शायद पता नहीं कि
ज़िन्दा रहने के लिए अब कृत्रिम हवा ही काफ़ी है

डाली से अलग हुई सूखी पत्तियों को भी
उतनी अक्ल कहाँ कि
करते विरोध वृक्षों की हत्या का
अच्छा होता गर समय रहते सारे के सारे वृक्ष बैठ जाते
बिना कुछ कहे बिना कुछ सुने अनशन पर...

मछलियाँ गायेंगी एक दिन पंडुमगीत

तुम्हें छूते हुए थरथरा रहे हैं मेरे हाथ
कि कहीं किसी ताज़े ख़ून का धब्बा न लग जाये
मेरी हथेलियों पर
सोचती हूँ तुम्हारी नींव रखी गयी थी
तब भी क्या तुम इतनी ही डरावनी थीं।

अत्ता[1] बताती है तुम्हारे आने की ख़बर से
सारा गाँव हथेलियों पर तारे लिए घूम रहा था
उम्मीद की हज़ारों–हज़ार झालरें
लटक रही थीं घर की छानियों पर
सूअर की बलि संग देसी दारू का भोग
लगाया गया था तुम्हें

ख़ूब मान, जान के साथ आयी थीं तुम
तुम्हारे आने से तालपेरु[2] का सीना
फूल कर और चौड़ा हो गया था।

तुम आयीं तो अपने संग, सड़क, बिजली, पानी, अस्पताल,
स्कूल, हाट, बाज़ार
के नये मायने लेकर आयीं

---

1. बुआ।, 2. बैलाडीला से निकलकर बासागुड़ा होते हुए बहने वाली नदी।

गाँव अचानक शहर की पाठशाला में दाख़िल हो चुका था।
हित–अहित, अच्छा–बुरा, नफ़ा–नुक़सान, हिंसा–अहिंसा का पाठ पढ़कर
होमवर्क भी करने लगा था पूरा गाँव
किसी कल्पवृक्ष की भाँति

बाँहें पसारे तुम खड़ी रहतीं
और पूरा गाँव दुबककर सो जाता
तुम्हारी बाँहों के नरम गद्दे पर
एक निश्चिन्तता भरी नींद
सूरज के उगने तक

सालों बाद लौटकर
जब आयी हूँ तुमसे मिलने
तो देखती हूँ

हज़ारों गुनाहों की साक्षी बन तालपेरु की रेतीली छाती पर
खँडहर–सी बिछी हो तुम।
साई रेड्डी[1] के ख़ून के छींटे तुम्हारी निष्ठुरता की कहानी कहते हैं।

तुम्हारी सुखद कहानियाँ
इतिहास के पन्नों पर
किसी फफोले की तरह जल रही हैं।

---

1. बीजापुर के चर्चित पत्रकार जिनकी उसी पुल पर कुल्हाड़ी मार कर हत्या कर दी गयी थी।

क्या कभी लौटकर आओगी तुम
तालपेरु नदी के ठण्डे पानी का स्पर्श करने
बोलो कुछ तो बोलो
तुम्हारा यूँ निःशब्द होना
बासागुड़ा की आने वाली पीढ़ियों के मस्तिष्क में
गर्म ख़ून का बीज बोने जैसा है।

तुम चीख़ो, तुम चिल्लाओ, तुम रोओ, तुम माँगो इन्साफ़
कि तुम्हारी चुप्पी तोड़ने से ही टूटेगा जंगल का चक्रव्यूह

तुम कुछ बोलो मेरे प्रिय पुल[1],
कि तुम्हारी खनकती आवाज़ सुनकर
जंगल से हिरणों का झुण्ड पानी पीने ज़रूर आयेगा।

उस दिन तालपेरु की सारी मछलियाँ
तुम्हारे स्वागत में एक बार फिर पंडुमगीत गायेंगी।
तुम देखना,
एक दिन तुम सजोगी फिर किसी नयी दुल्हन की तरह।

---

1. एक गाँव को ज़िले से जोड़ने के लिए बनाया गया ख़ूबसूरत पुल, जिस पर कभी पूरा गाँव एकजुट होकर सुबह–शाम गुज़ारा करता था। कहते हैं बहुत रौनक होती थी। एक समय इस पुल पर, सलवा जुडुम के दौरान बासागुड़ा गाँव पूरी तरह खाली हो गया था। अब धीरे–धीरे जीवन की कुछ उम्मीदें फिर से वहाँ पनपने लगी हैं पर अब भी कुछ कहना मुश्किल है।

मिथक नहीं हैं जलपरियाँ

जलपरियों ने नहीं छोड़ा इस विकट समय में भी
चित्रकोट जलप्रपात का साथ
कि दिख जाती हैं जलपरियाँ दिनभर की दिहाड़ी के बाद
तेज़ धूप में झुलसी त्वचा पर
खेत की गीली मिट्‌टी का लेप लगाती

एक ही बेड़ी से बँधे बालों का जी उकता
जाने के डर से
अपने खोसा के मुरझाये फूलों को
पानी की तेज़ धार संग छिटक कर कहीं दूर बहाती

घुटनों तक लिपटी उनकी लूगा की गाँठ खुलकर
जब फैल जाती है नदी में,
तब नदी का दिल हल्दी में लिपटी
मोटियारी की तरह धड़कने लगता है।

लूगा को इस तरह पटक–पटक कर धोती हैं
कि नदी की सारी मछलियाँ मदहोश हो
उनकी लूगा से लिपटकर
कोई उन्मादी गीत गुनगुनाने लगती हैं।

इन्द्रधनुष की छवियाँ भी देर तक
टकटकी लगाये निहारती हैं
जलपरियों के इस अद्‌भुत सौन्दर्य को

कभी–कभी लकड़ी के भारी गट्‌ठर यहीं कहीं किनारे
पटक हाथों के छालों को अनदेखा कर
छिन्द के पत्तों को चबा–चबा
अपने होंठों को लाल कर

नदी के पानी में ख़ुद को निहारती लाल होंठों को
धीमे से भींचती बुदबुदाती हुई शरमाती हैं
शायद उस एक वक़्त कोई मीठा सपना
पल रहा होता है उनकी आँखों में

अक्सर दिख जाती हैं जलपरियाँ जाल फेंकती हुई
केकड़े का शिकार करती हुई
हाँडी–बर्तन धोती
खेतों की मेंड़ों पर नाचती

पत्थरों पर मेहँदी के ताज़ा पत्तों को पीसती
या फिर आम के वृक्षों से लाल चींटियाँ इकट्‌ठा करती हुई

खोसा के लिए जंगल से पेड़ों की पत्तियाँ चुनती
जलपरियों का होना कोई मिथक बात नहीं है कि
सचमुच की होती हैं जलपरियाँ!

हिड़मे, आयती, मनकी, झुनकी, पायकी की देह के रूप में
'डोंगा चो डोंगी आन दादा रे' गीत गुनगुनाती
चित्रकोट जलप्रपात के बहते पानी में नृत्य करती

जलपरियों को निहारते हुए सूरज का चेहरा भी
शर्म से लाल हो जाता है।

साँझ होने से पहले,
मुट्ठी भर प्रेम लेकर अपने घरों की ओर भागती
इन जलपरियों को देखना
दुनिया की तमाम ख़ूबसूरत घटनाओं में से एक है।

बारूद पानी पानी हो जाये

तुम्हारा हाथ थामे बैठी हूँ मैं नम्बी जलप्रपात की गोद में
जहाँ तितलियाँ मेरे
खोसे में लगे कनकमराल[1] के फूलों से बतिया रही हैं

तुम हौले से मीठे पान का एक टुकड़ा धर देते हो,
मेरी जीभ पर
और मैं अपनी मोतियों की माला को भींचकर
दबोच लेती हूँ मुट्ठी में

तुम कहते हो कानों के क़रीब आकर
चाँद को हथेलियों के बीच रखकर वक़्त आ गया है
मन्नत माँगने का

टोरा तेल[2] से चिपड़े बालों के कालेपन को देखकर
तुम मुस्कुरा देते हो
मेरे खोसे से पड़िया निकालकर प्लास्टिक की कंघी खोंच
प्रेम का इज़हार करते तुम्हें देखकर

---

1. एक तरह का असुगन्धि फूल जिसका गजरा बनाकर स्थानीय महिलाएँ अपने बालों में शौक़ से लगाती हैं।, 2. महुआ के फल से बना हुआ तेल।

मैं दुनिया के सबसे अमीर लोगों की सूची में
खोजती हूँ अपना नाम
ख़ुशी के मारे मेरे हाथ
गुड़ाखू की डिबिया से निकाल बैठते हैं
अपने हिस्से का सुकून

पानी की तेज़ धार से तुम झोंकते हो
अपनी हथेलियों में
मेरा चेहरा धोने लायक ठण्डा पानी
ठीक उसी वक़्त
तुम चाहते हो मेरे साथ मांदर की थाप पर
कुछ इस तरह नृत्य करना
कि पिछले महीने न्यू नरेन्द्र टॉकीज़ की बालकनी में
बैठकर देखी गयी
शाहरुख, काजोल की फ़िल्म का कोई हिस्सा लगे

तुम्हारे चेहरे को पढ़ रही हूँ ऐसे जैसे
ब्लैकबोर्ड पर इमरोज़ की अमृता के लिए लिखी कोई कविता
तुम हँसते हो जब

पगडण्डियों की जगह मैं दिखाती हूँ तुम्हें
डामर की सड़कों पर दौड़ती कुशवाहा की बसें

तुम गुनगुनाने लगते हो तब
तुमसा कोई प्यारा, कोई मासूम नहीं है
कि तुम जान हो मेरी तुम्हें मालूम नहीं है
और खिलखिलाहट के साथ लाल हो उठता है
मेरा चेहरा शर्म से
तुम कसकर मुझे बाँहों में धर लेते हो कि
तभी बारूद की तीखी गन्ध से मेरा सिर चकराने लगता है

घनी झाड़ियों ऊँचे पहाड़ों को चीरती
एक गोली तुम्हारे सीने के उस हिस्से को भेदती हुई
गुज़र जाती है
स्वप्न की उसी टेक पर जहाँ अभी–अभी मैंने अपना
सिर टिकाया था

यह स्वप्न है या दुःस्वप्न कहना मुश्किल है
मैं चीख़–चीख़ कर तुम्हें पुकारती हूँ तुम कहीं नहीं हो
मैं चाहती हूँ लौट आओ तुम सोमारू
किसी ऐसे मन्तर जादू टोने के साथ
कि तमाम बन्दूक़ों का बारूद पानी–पानी हो जाये

सागौन

सागौन के वृक्ष बस्तर भूमि पर उग आये
दो मज़बूत हाथ हैं
जिनकी हथेलियों पर
लिखा भूमकाल[1] का विद्रोह
धीरे–धीरे दम तोड़ रहा है

सागौन की चौड़ी पत्तियाँ समेटना चाहती हैं
जल, जंगल, ज़मीन की दुनिया
अपनी रेशों में
टहनियों में बाँध कर लाल मिर्च
बनाना चाहती हैं

डारामिरी[2]–सा कोई प्रतीक चिन्ह
चूस कर छोड़ दी गयी हरियल छाती के लिए

---

1. 1910 में स्थानीय लोगों के द्वारा आज़ादी के लिए लड़ी गयी एक लड़ाई जिसका नेतृत्व आदिवासी जननायक गुण्डाधूर ने किया था।, 2. भूमकाल' की लड़ाई के वक़्त आम की टहनियों में मिर्च बाँधकर गाँव–गाँव में विद्रोह का सन्देश भेजा जाता था। स्थानीय लोग इसे 'डारामिरी' कहते तथा व्रिद्रोह में शामिल होने की सहमति देते हुए डारामिरी को आगे बढ़ाते।

सागौन की मोटी जड़ें भीतर ही भीतर
जमा कर रही हैं दर्द का मवाद
गीली मिट्टी की नमी में
आँसू छुपाती सुबक रही जड़ें
अब लिखना चाहती हैं
उपेक्षा का एक पूरा का पूरा इतिहास
सागौन के दोनों हाथ चाहते हैं एक बार फिर
शोषण के ख़िलाफ़ लामबन्द होना
एक बार फिर चाहते हैं

अपनी इस धरती पर
गुण्डाधूर[1] जैसा
कोई नन्हा बीज बोना।

---

1. 1910 के आदिवासी विद्रोह का जननायक।

तब कटोरा भर भात लोरी गाने लगता

काश!
कुछ वक़्त के लिए अर्जुन की आँख दान में मिल जाती तुम्हें
गीता की उपदेश–ध्वनियाँ
वायुमण्डल की झकझोरती किसी तरंग के साथ

कुछ पल के लिए महसूस कर पातीं तुम
काश लिंगोपेन[1] का धनुष–बाण लग जाता तुम्हारे हाथ
जिससे कभी लिंगो ने पृथ्वी की रचना की थी।

गुण्डाधूर की चमकती तलवार किसी बहाने ढूँढ़ लातीं तुम
तो भेद पातीं उन आकाओं का तिलस्मी कोहरा
जिनके लिए जंगल एक पनाहगार से ज़्यादा कुछ नहीं।

गीता का सार समझ पातीं तो जान पातीं
गेयर का देवता कभी भी तुम्हारे देवता से ज़्यादा
ताक़तवर नहीं था।

भूमकाल का इतिहास बदलने वाला गेयर मिट्टी की सौगन्ध
खाकर भी झूठा निकला।

---

1. आदिवासी देव।

नंगे बदन खुली छाती की दीवार बनाकर खड़े रहे तुम्हारे पूर्वज
गोलियों के आगे!
तब कहीं जाकर बचा पार्यी दन्तेश्वरी[1] माई
अपने हिस्से का गुम्बद

काश कि तुम जान पातीं,
एकलव्य की तरह बिना किसी गुरुकुल में जाये भी
धनुष विद्या सीखने की कला।
काश कि तुम उठा पातीं
अपने हाथों से बूढ़ादेव का जंग लगा कोई पुराना हथियार

तो यक़ीन मानो उस एक वक़्त
पाण्डु की काली पिलपिली शुष्क देह भी
हल की मूँठ पकड़े–पकड़े पसीने से तरबतर हो जाती।

मंगली की आँखों में
मिंगाचल[2] नदी की खोकसी मछलियाँ तैरने लगतीं।

बच्चों के पेट में कटोरा भर भात लोरी गाने लगता
और तो और
गाँव/खेत/मोहल्ला क़व्वाली के कोरस में बदल जाता
उस एक वक़्त
जंगल का रंग लाल नहीं बल्कि गाढ़ा हरा हो जाता
पायकी, मनकी, झुनकी की जुबान पर
'रानो–बेलो' गीत के मुखड़े का स्वाद
बदल जाता

1. बस्तर की आराध्य देवी।, 2 बीजापुर की एक नदी।

उस एक पल सारी बन्दूक़ों का बारूद कोयले में बदल जाता
घोटुल[1] की मृत आत्मा भी तृप्त हो उठती

काश कि ऐसी कोई आश्चर्यचकित कर देनेवाली घटना घटती
अभी इसी वक़्त तुम्हारे साथ तो
तुम आज भी उगा पातीं सल्फ़ी का एक पेड़
अपनी बाड़ी में

काश ऐसा ही कुछ सच–सा घटित होता तुम्हारे साथ हिड़मे
तो तुम जान पातीं
इतिहास लम्बे समय तक स्थिर रहने वाली कालजयी
रचना की पंक्तियों की तरह नहीं है
बल्कि, इतिहास के पुराने पन्नों पर लिखी जा सकती है
एक नयी कहानी बिना किसी लाग लपेट के !

(ईश्वर से की जा रही प्रार्थना का एक अंश)

---

1. यह प्रथा गोंड जनजाति के युवक–युवतियों का एक तरह से सामाजिक, सांस्कृतिक संगठित स्वरूप था जहाँ युवा भावी जीवन की शिक्षा प्राप्त करते थे।

बीरमय्या गुट्टा[1] के उस पार-इस पार

1. उस पार

बीरमय्या गुट्टा के उस पार स्कूल में बच्चों को अ से अनार
आ से आम ही
पढ़ाया जाता है

दिखायी जाती हैं बड़े पर्दे पर देशभक्ति की फ़िल्में।

बच्चे सीखते हैं जूते की लेस को कसकर बाँधने के
कई तरीक़े
सीखते हैं टाई–बेल्ट लगाने की विधि।

फुटबॉल खेलते हुए भीगते हैं बारिश में
क्रिकेट खेलते हुए देखते हैं ख़ुद को सचिन तेंदुलकर की
तरह।

नन्हे–नन्हे क़दमों से फिसलपट्टी पर चढ़कर पैरों के निशान
छोड़ आते हैं धातु की प्लेट पर
अन्तरिक्ष से झाँकती

---

1. बीरमैय्या गुट्टा उस पहाड़ का नाम है जिसके उस पार तेलंगाना राज्य है जहाँ रोज़ विकास की नयी कहानी लिखी जाती है और गुट्टा (पहाड़) के इस पार बस्तर है जहाँ केवल और केवल उपेक्षा की कहानी।

सपनों की दो बड़ी–बड़ी आँखों में डुबकी लगाकर
तय कर आते हैं अपने हिस्से का धूमकेतु।
रेल की पटरियों संग–संग भागता है

उनके शहर में निकलने वाला सूरज
भागते हैं बूढ़े, बड़े, जवान
भागता है शहर का कोना–कोना।

गुट्टा के उस पार कभी नहीं डूबता सूरज।
कि सब कुछ बिल्कुल वैसा ही होता है
जैसा बच्चों की दुनिया में होना चाहिए

2. इस पार

बीरमय्या गुट्टा के इस पार
रेलगाड़ी देखने की आस में बूढ़े हो गये कई बच्चे,

इनके पैरों के नाप का जूता अब तक नहीं बना

इनकी पेंट की सिलाई में कच्चे धागे का इस्तेमाल होता है
ताकि इन्हें फुलपैंट
पहनने की आदत न पड़ जाये,

अक्षर के नाम पर लाल स्याही से लिखी
कुछ अध–पकी कहानियों का पुड़ा सम्हाल रखा है
बच्चों ने अपने स्कूली बस्ते में,

बच्चे बैलाडीला की पहाड़ियों को खोदते हैं जमा करते हैं
अपने हिस्से का

मुट्ठी भर लोहे का चूरा
बारूद की खेती के लिए!

इन्हें कुछ पता हो, या न हो, पर यह ज़रूर पता है
यहाँ का मौसम बारूद की फ़सल के लिए अनुकूल है,

बँटवारे में बच्चों के हिस्से
कभी नहीं आया पहाड़ का वह हिस्सा
जिस पर लोहे की फ़सल पककर तैयार होती है,

बल्कि यह ज़रूर हुआ
कच्चे माल को साफ़ करने के लिए इस्तेमाल की जाती रही
इनके हिस्से की नदी,

जंगल से छँटनी कर ली गयीं सारी जड़ी–बूटियाँ
लूट लिया लुटेरों ने जंगल का सारा ख़ज़ाना।
जिनके दम पर दो वक़्त की रोटी का दम्भ भरते
बड़े हुए थे इनके पूर्वज!
आदत कभी पड़ी ही नहीं इन बच्चों को भरपेट खाने की

उम्र से पहले बड़े हो जाने की सारी कलाओं में माहिर हैं
इनकी इन्द्रियाँ,
एक दिन में चार गुना बढ़ता है इनका शरीर

गुट्टा के इस पार बच्चों ने
सूरज को छूकर अब तक दाम बदने को राज़ी नहीं किया
नाराज़ सूरज छिपकर बैठा है किसी बड़े से बँगले के पीछे

अनाड़ी हैं सारे के सारे बच्चे
समझते ही नहीं खेल के नियम
कि इनकी हार में ही छुपा है किसी की जीत का मन्त्र!

उपजाऊ ज़मीनें धीरे–धीरे बंजर हो रही हैं
बीरमय्या गुट्टा के इस पार बच्चों ने पैदा होने से इनकार कर दिया है।
इस पार की दुनिया वैसी नहीं है
जैसी बच्चों के लिए होनी चाहिए!

महुआ का पेड़ जानता है

महुआ का पेड़ जानता है
महुआ की उम्र कच्ची है

कच्ची उम्र में टपकते हुए महुए को रोकना सम्भव नहीं

गुरुत्वाकर्षण बल नहीं बल्कि
धरती का संगीत खींचता है उसे अपनी ओर!

बाँस की टोकनी से लिपटने का मोह
महुए को छोटी उम्र में किसी ज़िम्मेदार
मुखिया की तरह काम करने को उकसाता है

महुए को प्रेम है पांडु की छोटी लेकी से
उसकी खुली देह के लिए किसी कवच की तरह टप से
टपकता है महुआ

महुआ इसलिए भी टपकता है
ताकि इस बार साप्ताहिक बाज़ार में आयती के लिए जुगाड़
कर सके

आयती के दिहाड़ी वाले काम के बारे में
महुआ को सब पता है

बड़े छाप वाले फूल और गहरे रंग वाली सूती लूँगा भी
कहाँ रोक पाती है उन आँखों की रेटिना को
आयती की देह का पारदर्शी चित्र उकेरने से

शैतानी आँखें ताड़ जाती हैं
गदराई देह पर अंकित गहरे रंग की छाप कहाँ और कैसे
फ़ीकी पड़ जाती है

चिमनियों से टकराकर आने वाली दूषित हवा
किसी फुलपैंट वाले के नथुनों से होकर घुल न जाये तालाब
के पानी में

महुआ का टपकना ज़रूरी हो जाता है उस वक़्त
कि महुआ की मादकता बचाये रखती है जलपरियों को
ख़तरनाक संक्रमित बीमारियों से

महुआ टपकता है
अपनी मिट्टी पर/अपनी बाड़ी में/अपने गाँव–घर के बीच

थकी देह के लिए महुआ पंडुम
इन्द्र देव के दरबार में रचाई गयी रासलीला की तरह है

महुआ के फूल से खेत–खलिहान अटा रहे
मन्नत के साथ गायता[1] देता है बलि सफ़ेद मुर्गे की

---

1. देवता का पुजारी।

दोना भर मन्द पीते ही, पत्तल भर भात खाते ही
पांडु की इन्द्रियाँ लंकापल्ली जलप्रपात[1] के कुण्ड में डुबकी लगा आती हैं
फुसफुसा आती हैं चिन्तावागू[2] नदी के कान में
अपनी मुक्ति का कोई सन्देश गोदावरी के नाम

काली शुष्क हड्डियों से चिपका हुआ,
उसका मांस सब कुछ भुला कर पंडुमगीत गुनगुनाने लगता है
किसी मोटियारी[3] का धरती से अचानक रूठकर
आसमान पर चमकने की ज़िद पूरी करने के लिए
महुआ को टपकना ही पड़ता है

महुआ का टपकना
मिट्टी के भीतर सम्भावित बीज के पनपने का संकेत मात्र नहीं है

कि महुआ का टपकना
गाँव के सबसे बुजुर्ग हाथ की नसों में स्नेह की गर्माहट का बचा रहना भी है

---

1. बीजापुर ज़िले का एक जलप्रपात।, 2. नदी का नाम।, 3. घोटुल में लड़कियों को 'मोटियारी' कहते हैं।

जो कभी बासी नहीं होती

काटते हुए प्याज़
छौंकते हुए दाल
गर्म–गर्म रोटियाँ सेंकते हुए
बेलन की बित्ते भर लम्बाई नाप कर
जड़ आती हूँ चुपके से
कोरे काग़ज़ पर
हल्दी, नमक, मसालों से
महकते कुछ अल्फ़ाज़!

पानी भरते हुए फ़िल्टर में, गीले हाथों से
मन में उपजे कुछ सवालों के जवाब
धर आती हूँ हौले से
पेन की स्याही के सहारे
यहाँ–वहाँ बिखरे पन्नों पर

चाय खौलाते हुए दूध मिलाते हुए
उबले आलुओं को मसलते
कड़ाही में तेल गर्म कर
तेजपत्ता डालते हुए
जोड़–तोड़ आती हूँ
कुछ–कुछ टूटे–फूटे आड़े–तिरछे
शब्दों का जाल

बर्तन घिसते, गैस चूल्हा साफ़ करते हुए
पापड़ को उलट–पलट कर
बिना तेल के भूँजते हुए
रसोईघर के कामों के साथ
यूँ ही अचानक मचल उठते हैं
बचपन में सीखे हुए
स्वर–व्यंजन
और लड़–भिड़कर
ख़ुद ही बना लेते हैं
अपने लिए कोई–न–कोई वाक्य

जब देखती हूँ सारे शब्दों को
आपस में जोड़कर
तो पाती हूँ बिना
किसी लाग–लपेट के
सोंधीं–सोंधी ख़ुशबू वाली
एक ताज़ा–सी कविता
जो कभी बासी नहीं होती

एक था बस्तर मोगली

टाइम मशीन वाली कहानी सच होती तो शायद
मैं लौटा लाती तुम्हारी खोयी हुई शौर्य–गाथा

एक बार फिर से टाँक आती तुम्हारे सीने पर
गर्व के कुछ सितारे

तुम्हारी 'जंगल–सॉन्ग' वाली हॉलीवुड फ़िल्म के कुछ सीन

कैसे धूल चटाया था
तुमने उस जाँबाज़ शेर को,
उसके पंजे, उसके नाख़ून शर्म से सिकुड़ गये थे
उसने तुम्हारी आँखों के घने जंगल में तलाश ली थी।
अपनी खाल छुपाने के लिए
एक सुरक्षित जगह

उछल कर तुम्हारी गोद में बैठ गया
ऐसे जैसे शेर की खाल में कोई बिल्ली बैठी हो
अपने मालिक की गोद में

उस एक वक़्त
तुम्हारे माथे पर लटकती कौड़ियाँ भी

आसमाँ की ओर मुँह उठा कर अंग्रेज़ी में लिखे संवादों को
गोंडी में गुनगुनाने लगती थीं

हॉलीवुड के नक़लची मोगलियों के बीच
बस्तर के मोगली का चेहरा
हाँडी भर लन्दा की तरह
सबको सम्मोहित कर गया

लाइट, कैमरा, एक्शन के साथ
फ़िल्मी पर्दे पर
पूरी दुनिया में तुम्हारे नाम की धूम मची हुई थी

बस्तर का पर्यायवाची बनकर उभरे थे तुम
मेरे 'बस्तर टाइगर'[1]

कितनी अजीब बात है न
कभी पता ही नहीं चला तुम्हें
कि तुम कभी अन्तरराष्ट्रीय फ़िल्म के हीरो थे
वो भी असली

बस ग़लत वक़्त
ग़लत जगह पैदा होने की क़ीमत तुम्हें चुकानी पड़ी
तुम्हारा नाम शाहरुख या रणवीर नहीं चेन्द्रू था

इसलिए लौट आये,
गुमनामी की उन सीढ़ियों से

---

1. चेंदरू मंडावी नारायणपुर के गढ़ बेंगाल का रहने वाला था। मुरिया जनजाति का एक बहादुर लड़का, जंगली बाघ से गहरी दोस्ती निभाने वाला लड़का। बस्तर का पहला भारतीय हॉलीवुड हीरो।

जो अबुझमाड़ के अँधेरे में ख़त्म होती हैं,
जहाँ की आबोहवा में उपेक्षा के जुगनू फड़फड़ाते हैं

पर इससे तुम्हें क्या, तुम तो लौट आये,
अपने मिट्टी के बने घर में
गोबर लिपे आँगन में

सल्फ़ी ताड़ी से लबालब भरे तूम्बे का बोझ
अपने कन्धे पर उठाने के बाद तुम्हारे पास कुछ बचा ही नहीं
या यूँ कहें
लँगोट पहनने वाले चेन्द्रू को
फुलपैंट बाँधने वाली दुनिया ने स्वीकारा ही नहीं

घने जंगलों से निकलकर इतिहास के छोटे से टुकड़े पर
चेन्द्रू की वीरता लिखने वाली पेन की स्याही ने
अन्तिम समय में
जाने कहाँ से हिम्मत जुटाकर लिखा होगा
उपेक्षा का एक पूरा अध्याय

सरकारी अस्पताल का
वह बिस्तर काँप उठा होगा
बस्तर टाइगर के जिस्म का भार उठाते हुए

जिसे कभी सराहा ही नहीं
अपने लोगों ने
उसे दवा के साथ दुआ कहाँ से मिलती

अन्तिम क्षण,
लाइट, कैमरा, एक्शन की जगमगाहट नहीं थी।
चेन्द्रू की आँखों में

था तो बस
पतरी भर के भात
और एक ही साँस में गटक ली जाने वाली
चिपड़ी[1] भर के सल्फ़ी का नशा

ताकि कुछ दिन और झूठा दम भर सकता चेन्द्रू
अपने बस्तर मोगली होने का

1. पत्ते का बना चिपटा हुआ दोना (कटोरी)।

बस्तर : एक उबाऊ इतिहास

नहीं बचा रहेगा ऐसा कुछ भी आने वाले समय में,
कि इतिहास बतायेगा बस्तर का सच

कि अभी जहाँ जिस मिट्टी पर
तुम्हारे महँगे जूतों की थाप है
वहाँ से लेकर उस रेतीली नदी के बीचों–बीच
खुदे हुए है हज़ारों–हज़ार कुएँ

खोदोगे गर कुदाल उठाकर तो अब भी
रेतीली नदी के भीतर
उबलती ख़ून की हाँडियाँ मिलेंगी

यहाँ जहाँ खड़ी है आज तुम्हारी चमकती गाड़ी

वहीं उसके पहिये के नीचे दफ़न है
एक दूल्हे की शेरवानी
माँ के हाथों की बनी गुदड़ी
और हाँ गर तौल सको तो तौल कर देखना
कई किलो सिन्दूर की डिबिया भी होगी

एक सुनहरे बालों वाली मटमैली–सी गुड़िया की कहानी भी
दम तोड़ चुकी होगी

अरे हाँ, यहीं नीचे तुम्हारे आलीशान बँगले के आस–पास
ख़ूब सारी संवेदनाओं ने आत्महत्या कर ली थी

गुणा–भाग और आँकड़ों का खेल भी ग़ज़ब का था

तीस, चालीस, सौ, हज़ार
फिर पता नहीं कितने,
तुम्हें भी शायद ही याद हो

वैसे भी ख़ून का तिलक करने
देश पर मरने वाले
इतिहास बन जाते हैं

और इतिहास आज के समय का
सबसे उबाऊ विषय है

मरही नदी के ताज़ा झींगे

पाकलू की आँखों में सूरज नहीं समाता
कि चाँद भर रोशनी लिख जाती है
उसके माथे पर रात के बाद का सवेरा

किसी ऐसी भाषा में
जिसकी लिपि समझ पाना सम्भव ही नहीं कि
स्कूल में कभी पढ़ाया ही नहीं गया
अक्षरों से मिलकर बनने वाले वाक्यों की भाषा

पाकलू पढ़ता है हाथों की लकीरों में उभर आयी
अपने दिमाग़ के नसों में उफन आयी
गर्म लहू की भाषा

बचपन से पढ़ता आया है
तीर–धनुष को इस्तेमाल करने का पाठ

वह जानता है शिकार के अलावा भी कई काम होते हैं
एक तीर से

चॉकलेट, आइस्क्रीम खाने की उम्र में
उसकी जीभ तलाशती है मरही नदी के ताज़ा झींगे
सरगी की छाँव में बैठकर उसके हाथ के नाख़ून खुरचते हैं

ज़मीन की मोटी परत
बोड़ा का स्वाद पाने को

केकड़े को पत्थर से कूटकर
उसका मांस हथेलियों पर रखते ही
नीले रंग में बदल जाती हैं उसकी आँखों की पुतलियाँ

वैसे उसकी आँखों का रंग काला ही है

धर्म–अधर्म की लकीरों का कोई अर्थ नहीं रह जाता
भूख से सिकुड़ती अँतड़ियों के लिए

मन्दिर में दीये जलाने वाले उसके हाथ
अब चर्च की चौखट पर खड़े मोमबत्तियाँ जलाते
मिन्नतें कर रहे हैं

अजान के दौरान भी ख़ुदा से उम्मीदें बढ़ जाती हैं उसकी

उम्र का ख़याल कभी आया ही नहीं
कि कब और कैसे सीख गये उसके पैर
जंगल की पगडण्डियों की भाषा

मांदर की आवाज़ भी सुनाई देती है उसे
सिर्फ़ और सिर्फ़
घने जंगलों की चौपाल पर

पाकलू के भूख का इलाज़ करने वाला वैद्य
जंगल की जड़ी–बूटियों का काढ़ा बनाना जानता है
काढ़े का स्वाद अब कड़वा नहीं लगता उसे
भूख से मरता क्या न करता

बहती नाक जब मिल जाती है उसकी लार के संग
तो जान जाता है पाकलू खारेपन का स्वाद
पाकलू सोचता है जाने–अनजाने
जीभ भी कितनी स्वार्थी है
अपनी जीभ पर नमक का स्वाद बनाये रखने के लिए
कितनों की जीभ काटनी पड़ती है

पाकलू नहीं समझता ज़िन्दगी के मायने
पर बख़ूबी जानता है लाल स्याही से लिखे आड़े–तिरछे
शब्दों का वास्तविक अर्थ

उसे रटाया गया है
जंग में 'सब कुछ जायज़ है' वाला जुमला

इसलिए वह समझता ही नहीं
किसी और भाषा में कही गयी बात का मतलब

पाकलू नहीं जानता
रिकॉर्ड में दर्ज़ किसी जाति विशेष के बारे में

उसके गाँव तक नहीं पिघल पायी है
अब तक डामर

अँधेरों में टटोलते
उसके हाथ कभी नहीं लगा वह वसीयतनामा
जिस पर उसके पुरखों ने लिखा हो
पूरे होशोहवास में कहीं

पहाड़ नदी और जंगल को किसी ग़ैर के नाम

बाँस : जीवन का झुरमुट

1.
घर के बाड़े में उग आये बाँस के झुरमुट
किसी पिता की तरह लगते हैं
जो बिना कुछ कहे उठा लेते हैं
अपने कन्धों पर आधा बोझ

बाँस के झुरमुट जानते हैं
सूखे भात को गले से नीचे सरकने में कितना वक़्त लगता है
फिर भी शिकायत नहीं करते बाड़े के भीतर रहने वाले लोग
मोटी बेस्वाद हो चुकी जीभ भी कुछ नहीं कहती

गले की नली भी मोटे चावल के दानों को पहुँचा देती है
अँतड़ियों तक बिना कुछ कहे
इस आस पर कि

बाँस के झुरमुट से फूटेंगे नवांकुर
जो लगायेंगे अपनी क़ीमत हाट बाज़ार में
उस एक दिन सुकसी झोर के साथ
भात का स्वाद दुगुना हो जायेगा

2.

बाँस के झुरमुट में
तगड़ी हस्त रेखाओं के सहारे
कोपलों को मुँह चिढ़ाते हुए
निश्चितता के भ्रम में खोये मदमस्त
कुछ बाँस बढ़ते हैं तेज़ी से
अपने आस–पास के बाँसों को छोड़कर पीछे
पर परिपक्व बाँस भी
कहाँ दे पाते हैं धोखा उन ठेकेदारों को
जिन्हें पता है इनके गदराये बदन की क़ीमत

3.

बाँस के झुरमुट से ढूँढ़ ही लेती है मनकी
बेहद नाजुक उजला स्वादिष्ट बास्ता[1]
टोकनी में भरते वक़्त
मनकी की आँखें कर आती हैं भविष्य का मुआयना
सँभल जाती है मनकी
और भी सतर्कता से काम करने लगते हैं
उसके दोनों हाथ, ऐसे जैसे टोकरी में बास्ता नहीं
कोई सुनहरा स्वप्न भर रही हो
आने वाली पीढ़ी के लिए

कभी–कभी बाँस का यह झुरमुट
मनकी को किसी कल्पवृक्ष की तरह लगने लगता है

---

1. बस्तर में बाँस की कोपलों को बड़े चाव से सब्ज़ी बनाकर खाया जाता है। इन कोपलों को बास्ता या करील कहा जाता है।

4.
झुरमुट में ऊँचे खड़े कुछ बाँस मुस्कुराते हैं
कभी–कभी खिलखिलाकर हँस भी लेते हैं
कभी–कभी रोते भी हैं
अपनी ज़मीन से उखाड़े जाने का दर्द समझते हैं

बाड़े में उग आये बाँस को पता है
कि अन्तिम बोझ लादने की ज़िम्मेदारी
इन्हीं के कन्धों पर है

5.
सत्य तो यही है कि बाड़े के भीतर उग आये
बाँस के झुरमुट केवल झुरमुट नहीं
बल्कि मनकी की हलक में
कब से अटकी हुई एक आधी–अधूरी कहानी है

एक कुरा नमक एक कुरा हल्दी के बदले
बास्ता का सौदा करते वक़्त
गनकी का दिल दहल जाता है

बाड़े में उग आये बाँस के झुरमुट से
चुन–चुन कर मनकी जब नवांकुर बाँस बेचती है
तब पता होता है मनकी को
कि भूख से बड़ी कोई दूसरी बात
इस धरती पर हो ही नहीं सकती
कि किसी की कोख की फ़सल काटकर
अपनी कोख को सूखने से बचाने का अपराध
मनकी हर साल करती है

आँसू की एक बूँद का बोझ
और भूख के गणित का समीकरण हल करना
कोई मामूली बात थोड़े ही है
मनकी सोचती तो ज़रूर होगी
कि बास्ता की सब्ज़ी इतनी स्वादिष्ट क्यों बनती है?

मछलियों का शोकगीत

झपटकर धर नहीं लेतीं कुटुमसर की गुफा
में दुबक कर बैठी अन्धी मछलियाँ
अपनी जीभ पर
समुद्र के खारे पानी का स्वाद
इनकी गलफड़ों पर अब भी चिपका है वही
हज़ारों वर्ष पूर्व का इतिहास

कि कांगेर घाटी में उड़ने वाली गिलहरी के पंखों पर
अक्सर उँड़ेल आती हैं मछलियाँ,
संकेत की भाषा में लिखी अपनी दर्द भरी पाती की स्याही
ताकि बचा रहे
गिलहरी के पंखों का चितकबरापन

बोलने वाली मैना को सुबक–सुबक कर सुनाती हैं
काली पुतलियों की तलाश में भटकती अपनी नस्लों के
संघर्ष की कहानी
ताकि मैना का बोलना जारी रहे
पलाश की सबसे ऊँची टहनी से

मछलियाँ तो अन्धी हैं पर,
लम्बी पूँछ वाला झींगुर भी नहीं जान पाया अब तक

कुटुमसर गुफा के बाहर ऐसी किसी दुनिया के होने का रहस्य
कि जहाँ बिना पूँछ वाले झींगुर चूमते हैं सुबह की उजली धूप

और टर्र–टर्र करते हुए गुज़र जाते हैं
कई–कई मेढकों के झुण्ड

गुफा के भीतर
शुभ्र धवल चूने के पत्थरों से बने झूमरों का संगीत सुनकर
अन्धी मछलियाँ भी कभी–कभी गाने लगती हैं
घोटुल में गाया जाने वाला
कोई प्रेम गीत

गुफा के सारे पत्थर तब किसी वाद्ययन्त्र में बदल उठते हैं
हाथी की सूँड़ की तरह बनी हुई
पत्थर की संरचना भी झूम उठती है

संगीत कितना ही मनमोहक क्यों न हो
पर एक समय के बाद
उसकी प्रतिध्वनियाँ कर्कशता में बदल जाती हैं

मछलियाँ अन्धी हैं, बहरी नहीं,
कि मछलियाँ जानती हैं सब कुछ
सुनती हैं सैलानियों के पदचाप
सुनती हैं उनकी हँसी–ठिठोली
जब कोई कहता है
देखो–देखो यहाँ छुपकर बैठी है
ब्रह्माण्ड की इकलौती रंग–बिरंगी मछली
तब भले ही कुटुमसर गुफा का मान बढ़ जाता हो

कार्ल्सबाद गुफा से तुलना पर कुटुमसर फूला नहीं समाता हो
तब भी कोई नहीं जानना चाहता
इन अन्धी मछलियों का इतिहास कि
जब कभी होती हैं एकान्त में
तब दहाड़ें मार कर रोती हैं मछलियाँ

इनकी आँखों से टपकते आँसुओं की बूँद से चमकता है
गुफा का बेजान–सा शिवलिंग

कोई नहीं जानता पीढ़ियों से घुप्प अँधेरों में छटपटाती
अन्धी मछलियों का दर्द कि

लिंगोपेन से माँग आयीं अपनी आज़ादी की मन्नतें
कई–कई अर्ज़ियाँ भी लगा आयीं बूढ़ादेव के दरबार में

अन्धी मछलियाँ जानती हैं
उनकी आज़ादी को हज़ारों वर्ष का
सफ़र तय करना अभी बाक़ी है
इसलिए भारी उदासी के दिनों में भी
कुटुमसर की मछलियाँ
सायरेलो–सायरेलो जैसे गीत गाती हैं

सामान्य-सी बात है

नदी समझती है औरत के निर्वस्त्र होकर
उससे लिपट जाने वाली देह की भाषा
नदी के पानी के लिए यह सामान्य–सी बात है

एक नन्ही चिड़िया जानती है
नदी में डुबकी लगाती औरत की देह का
प्रेम में टूटकर मकरन्द हो जाने की कथा

फूलों के लिए और भँवरों के लिए भी
यह एक सामान्य–सी बात है

आस–पास गोते लगाती मछलियों के लिए
औरत का यूँ नदी से लिपटना कोई नयी बात नहीं कि
औरत के लिपटते ही
नदी का पानी किसी पवित्र कुण्ड जैसा लगने लगता है
जहाँ डुबकी लगा कर मछलियाँ भी ले आती हैं
अपने हिस्से की पवित्रता

सूरज जानता है उसके उगते ही नदी गर्म हो जायेगी
नन्ही चिड़िया फुदकने लगेगी
मछलियाँ भी चहक उठेंगी

और औरत
नदी के पानी से निर्वस्त्र होकर
लिपट जायेगी हमेशा की तरह

जंगल के लिए औरत का नदी से यूँ रोज़ लिपटना
सामान्य–सी बात है
पहाड़ को भी कोई आपत्ति नहीं

नन्ही चिड़िया, मछली, फूल,
तितली, भँवरे, जंगल, पहाड़, सूरज
सब मानते हैं
औरत का नदी से लिपटना सामान्य–सी घटना है

औरत को निर्वस्त्र होकर नदी से लिपटते हुए
एक युग बीत गया

तब भी तुम्हारी आँखों में औरत की देह मात्र का प्रतिबिम्ब
उतर आना समझ से परे है

तुम कब समझोगे कि तुम्हारे गुरूर के तने हुए सागौन वृक्ष
के नीचे से जड़ों को चूमते हुए
धरती के नीचे
बहुत बार चुपचाप गुज़र जाती है नदी

तुम्हारा इतराना हमारे लिए एक सामान्य–सी बात है

क्योंकि तुम नहीं जानते
तुम्हारा सारा हरापन हमारा दिया हुआ है।

तूम्बा गेला फूटी, देवा गेला उठी

पूजा घर में रखे ताँबे और काँसे के पात्र से
कहीं ज़्यादा, यूँ कहें कि
रसोईघर के बर्तनों से भी ज़्यादा प्रिय है
हमारे लिए तूम्बा

पेज, ताड़ी, महुआ और दारू
यहाँ तक कि पीने का पानी रखने का सबसे
सुगम व सुरक्षित पात्र के रूप में चिन्हांकित है तूम्बा

तूम्बा का होना हमारी धरती पर जीवन का संकेत है
जब हवा नहीं थी, मिट्‌टी भी नहीं थी
तब पानी पर तैरते एकमात्र तूम्बे को
भीमादेव ने खींच कर थाम लिया था
अपनी हथेलियों पर
नागर चला कर पृथ्वी की उत्पत्ति का
बीज बोया भीमादेव ने

तब से पेड़–पौधे, जड़ी–बूटियाँ, घास–फूँस
इस धरती पर लहलहा रहे हैं
वैसे ही तूम्बा हम गोंड आदिवासियों के जीवन में
हवा और पानी की तरह शामिल है
तूम्बा मात्र पात्र नहीं, हमारी आस्था का केन्द्र बिन्दु भी है

जब तक तूम्बा सही–सलामत
ताड़ी, सल्फ़ी, छिन्द रस से लबालब भरा हुआ
हमारे काँधे पर लटक रहा है
तब तक हमारा कोई कुछ नहीं बिगाड़ सकता

बचा रहेगा तूम्बा, तो कह सकते हैं
बची रहेंगी आदि जातियाँ
गोंड–भतरा–मुरिया
और वजूद में रहेगी ज़मीन और जंगल की संस्कृति
खड़ा ही रहेगा अमानवीयता के विरुद्ध बना मोर्चा
तूम्बा किसी अभेदी दीवार की तरह
कि तूम्बा का खड़ा रहना प्रतीक है मानवीय सभ्यता का

दुनिया भले ही चाँद–तारों तक पहुँचने के लिए
लाख हाथ–पैर मार ले
पर हमारे लिए सबसे ज़्यादा ज़रूरी है
तूम्बे को बचाये रखना
हर हाल में, हर परिस्थिति में
क्योंकि तूम्बा का फूटना
अपशकुन है हम सबके लिए।

जंगल है हमारी पहली पाठशाला

माँ नहीं सिखाती उँगली पकड़कर चलना
सुलाती नहीं गोद में उठाकर लोरियाँ गाकर
चार माह के बाद भी दाल का पानी सेरलेक्स ज़रूरी नहीं
होता हमारे लिए

जॉनसन बेबी तेल की मालिश और साबुन के बिना भी
हड्डियाँ मज़बूत होती हैं हमारी

हम नहीं सीखते माँ की पाठशाला में ऐसा कुछ भी
जो साबित कर सके हम गुज़र रहे हैं
बेहतर इन्सान बनने की प्रक्रिया से

स्कूल भी नहीं सिखा पाता हमें
'अ' से अनार या 'आ' से आम के अलावा कोई दूसरा सबक

ऐसा नहीं कि हममें सीखने की ललक नहीं
या हमें सीखना अच्छा नहीं लगता
हम सीखते हैं
हमारी पाठशाला में सब कुछ प्रायोगिक रूप में
'नम्बी' जलप्रपात की सबसे ऊँची चोटी से गिरती
तेज़ पानी की धार
हमें सिखाती है संगीत की महीन धुन

चापड़ा की चटपटी चटनी[1] सिखाती है
विज्ञान के किसी अम्ल की परिभाषा
अबूझमाड़ के जंगल सब कुछ खोकर भी
दे देते हैं अपनी जड़ों से जुड़े रहने के 'सुख' का कुछ 'गुण–मन्त्र'

तीर के आख़िरी छोर पर लगे ख़ून के कुछ धब्बे
सुनाते हैं 'ताड़–झोंकनी'[2] के दर्दनाक क़िस्से

बैलाडीला के पहाड़ सँभाले हुए हैं
अपनी हथेलियों पर आदिम हो चुके
संस्कारों की एक पोटली
धरोहर के नाम पर पुचकारना, सहेजना, सँभालना
और तन कर खड़े रहना
सीखते हैं हम बस्तर की इन ऊँची पहाड़ियों से

कुटुमसर की गुफ़ा में
हज़ारों साल से छुपकर बैठी अन्धी मछलियों को देखकर
जान पाये हम गोंड आदिवासी अपने होने का गुण रहस्य

माँ जानती थी सब कुछ
किसी इतिहासवेत्ता की तरह

शायद इसलिए
माँ हो ही नहीं सकती थी हमारी पहली पाठशाला
जंगल के होते हुए

जंगल समझता है हमारी जंगली भाषा माँ की तरह।

---

1. बस्तर में 'लाल चींटियों' की चटनी बड़े चाव से खायी जाती है। स्थानीय भाषा में इन्हें 'चापड़ा' कहते हैं। चापड़ा चटनी अपने औषधि गुणों के कारण लोगों में बहुत प्रिय है।, 2. 'बस्तर का हल्बा विद्रोह' जिसमें बस्तर के हल्बा विद्रोहियों की सज़ा यह थी कि ताड़ का एक पेड़ काटा जायेगा और जो विद्रोही अपने हाथों में पेड़ को थाम लेगा तथा गिरने नहीं देगा उसे छोड़ दिया जायेगा, मौत हर हाल में थी लेकिन हल्बा वीरों ने शान से मरना स्वीकार किया। पेड़ काटे जाते रहे और एक एक करके विद्रोहियों की मौत होती गयी। इस दर्दनाक घटना को बस्तर में 'ताड़–झोंकनी' के नाम से जाना जाता है।

देह लेकर गयी औरतें लौट कर नहीं आतीं

इन्द्रावती नदी के उस पार
देह लेकर गयी औरतें लौट कर नहीं आतीं

हरियल मिर्च तोड़ते
कैसे तीखा हो जाता है
उनकी देह का स्वाद
समझ से परे है उनके लिए
इस सवाल का जवाब

नहीं पता उन्हें
केवरी मिर्चियों का दाम
कि लाल पकी हुई मिर्च भी तोड़ लाती हैं
अचार के नाम पर
उनके मालिक के लिए
मुँह का स्वाद बदलना भी ज़रूरी है

इन्द्रावती नदी के उस पार
देह लेकर गयी औरतें लौट कर नहीं आतीं
धूप, बारिश, गर्मी सब कुछ सोखती इनकी देह
बनाती है ख़ुद को कुन्दन की तरह

चिकने डामर के नीचे छुपा कर बिछा आती हैं
हाथों की लकीरों का दरदरापन

पाटती हैं दिनभर
तगाड़ी भर–भर के सपने मील के पत्थर के नीचे

न जाने कैसे इनकी देह बदलने लगती है
मील के पत्थरों में
जिनकी पीठ पर लिखा होता है
देह के रास्ते होकर गुज़रने वाली रोटी के
चूल्हे की दूरी शून्य किलोमीटर है

इन्द्रावती नदी के उस पार देह लेकर जाने वाली औरतें
लौट कर नहीं आतीं

गुस्से के गुबार को हवा में नहीं उड़ातीं बल्कि
भद्रकाली के संगम[1] पर खड़े होकर लेती हैं शपथ
अपनी आज़ादी का

टँगिया की धार तेज़ करते शेरनी की तरह भरती हैं हुंकार
काटती हैं गाँव घर के नक़्शे पर उग आयी
कँटीली झाड़ियों के जंगल

अपनी ही माटी पर भूख से जंग लड़ना कोई
आसान काम नहीं

---

1. बस्तर की प्राणदायिनी इन्द्रावती नदी बस्तर के अन्तिम छोर जहाँ महाराष्ट्र और छत्तीसगढ़ की सीमा पर इन्द्रावती नदी गोदावरी नदी में समा जाती है। इन दो नदियों के मिलन–स्थल को भद्रकाली संगम से जाना जाता है। यहाँ भद्रकाली का मन्दिर भी है।

कि देह के साथ–साथ अब इनकी आत्मा पर भी
लाल सलाम का ठप्पा लग चुका है

घने जंगलों के बीच से आती हैं आवाज़ें
हमें रोटी दो, हमें पानी दो
जब तक हम भूखे–नंगे रहेंगे तुम्हारा ख़ून पीते रहेंगे

इन्द्रावती नदी को इन्तज़ार है उन औरतों के
लौट आने का कि उनकी चिन्ता में
सूखकर काँटा हुई जा रही है नदी
किसी माँ की तरह

हे शुक्राचार्य! बस्तर को श्रापमुक्त कर दो

राजा दण्ड तुमने शुक्राचार्य की पुत्री अरजा के साथ
दुराचार नहीं किया होता तो
शुक्राचार्य के शाप का दंश हमें न भुगतना होता

तुमने सोचा भी नहीं कि आने वाली पीढ़ियाँ
तुम्हें कितना कोसेंगी
थूकेगी तुम्हारे नाम पर

इतिहास शर्म से गड़ जायेगा
जब तामड़ा घुमर के संगीत पर थाप करते
हमारे बच्चे सुनेंगे तुम्हारी अय्याशी के क़िस्से
तो उनके पाँवों के घुँघरू छिटक कर
बारसूर के सात धार में कहीं समाधि ले लेंगे

तुम्हें कोई हक़ नहीं था राजा दण्ड
हमारी नदियाँ
हमारे पर्वत
हमारा लोहा हमारे खनिज
हमारे सारे हीरे हमसे छीनकर
हमें गर्म लावे की ढेर पर बिठा देने का

तुम्हें तो शर्म से गड़ जाना चाहिए गर कहीं से झाँक रहे हो
तो देखो इस स्वर्ग–सी धरती का तुमने कैसा भविष्य रच डाला

तुम पापी हो राजा दण्ड
तुम्हारे पाप की छाया हमारे जल–जंगल–ज़मीन पर
गोले बारूद लिए घूम रही है
तुम्हारी जिह्वा को गर्म ख़ून का स्वाद भाता था न
देखो रह–रह कर हम भी पानी की जगह ख़ून पी आते हैं

हमारे नागर मंडिया की खेती जोतते–जोतते
बत्तीसा मन्दिर के खम्भों को धक्का मार आते हैं
करनी तुम्हारी थी
अपराध भी तुम्हारा, पर सज़ा सिर्फ़ हमें मिली

देखो कृष्ण जी को अभी भी छुपकर बैठे हैं
सकल नारायण की रहस्यमयी गुफा[1] में
गणपति भी ताक रहे हैं ढोलकल शिखर की ऊँचाई से

तुम जिस मुद्रा में छोड़ गये थे ठीक उसी मुद्रा में
शिव जी भी समाधि लगाये बैठे हैं तीरथगढ़ में

कोई नहीं सुनता अरज हमारी

तुम्हारी ग़लती की सज़ा हमारी और
कितनी पीढ़ियों को भुगतनी होगी हमें भी नहीं पता

---

1. बीजापुर ज़िले में स्थित अद्‌भुत गुफा जिसके भीतर भगवान श्रीकृष्ण की प्राचीन मूर्ति स्थापित है।

हे शुक्राचार्य! सुन सकते हो तो
तुम ही मान जाओ गुस्सा थूक दो
दण्डकारण्य से दण्ड के स्मृति स्वरूप दण्डक हटाकर अरण्य
कर दो

हज़ारों वर्षों की उपेक्षा का दंश झेलते बस्तर को
अब तो शाप मुक्त कर दो
सुनो न अरज हमारी भी।

हमारी बच्चियाँ

हमारी बच्चियाँ बड़ी नहीं होतीं मासिक के बाद
शहर की बच्चियों की तरह
कि दबोच लिया जाता है उन्हें
उम्र के इस पड़ाव से कहीं पहले
तेंदू, महुआ, साल के पेड़ों के पीछे
अपनी घुटती साँसों से चखती हैं
गदराये बदन के बिना ही यौवन का स्वाद

भूई नीम की पत्तियों की तरह
सिसकियों के बीच
टटोलते हाथों के मध्य तलाशती हैं
किसी प्रेमी के हाथों की गरमाहट
ताकि दर्द को बदल सकें किसी ऐसी घटना में
जो पूर्व निर्धारित हो

हमारी बच्चियाँ नहीं देखतीं सपने
सफ़ेद घोड़े पर सवार राजकुमार के आने का
कि सपना देखने वाली पुतलियाँ इनकी आँखों से
कब की हटा ली गयी हैं
इनकी आँखें देखती हैं गारा, मिट्टी, ईंट, पत्थर,
रेत से भरी मोटी–मोटी वज़नदार तगाड़ियाँ

जिनकी भार से इनका क़द उतना ही रहा
जितना इनकी पेट की लम्बाई

हमारी बच्च्यिाँ पैदा होती हैं इन्द्रावती की नदी में
आयी बारिश की बाढ़ की तरह
खिलती हैं तेज़ी से किसी जंगली फूल की तरह
चहकती हैं पहाड़ी मैना की तरह

हमारी बच्चियों के होने से ही
जंगल आज तक हरा–भरा है
हमारी बच्चियाँ नहीं जानतीं ऐसा कुछ भी
कि समझ सकें शहर की बच्चियों की तरह
योनि से रिसते सफ़ेद पानी और लाल ख़ून में अन्तर
बढ़ता हुआ पेट इन्हें किसी दैवी प्रकोप की घटना की तरह
लगता है

हमारी बच्चियाँ नहीं जानतीं शहर की बच्चियों की तरह

नीले आसमाँ के विषय में कुछ भी
नहीं जानतीं कि धूप का एक टुकड़ा
थोड़ी–सी हवा और स्वाति नक्षत्र जैसी बारिश की कुछ बूँदें
इन्तज़ार कर रही हैं उनका
यहीं इसी पृथ्वी पर

कि पृथ्वी को अब तक नहीं पता बच्चियों को
दो भागों में विभाजित करने का फार्मूला।

नमक हमेशा नमकीन नहीं होता

नमक तुम्हारे लिए स्वादिष्ट खाना बनाने वाला
पदार्थ मात्र है
तुम्हारे रसोई घर में इसकी भरमार होती है
मेरी देह के पसीने की गन्ध में भी तुम्हें
नमक का खारापन लगता है
मुझे चूमकर भी तुम बता सकते हो नमक का स्वाद

नमक तुम्हारे लिए उतना ही ज़रूरी होता है
जितना दाल–चावल

ठीक इसके विपरीत हमारे लिए नमक उतना ही ज़रूरी है
जितना जल–जंगल–ज़मीन

कि नमक हमारे लिए स्वाद बढ़ाने वाली चीज़ नहीं
बल्कि एक बहाना है तुम तक पहुँच पाने का

नमक की खेती नहीं होती वरना उगा लेते
बोरा भर नमक धान की तरह
नमक की लत ने हमें भी व्यापार करना सिखा दिया
झोला भर टोरा, महुआ, अमचूर और चिरौंजी
के बदले तुम्हारा एक सोली[1] नमक

---

1. सोली छोटा पैमाना है जो लगभग 8 से.मी. व्यास व 11 से.मी. गहरा पात्र है जिसमें लगभग 500 ग्राम अनाज समाता है।

स्वाद बदल कर रख देता है मुँह का
तुम्हें नमक की क़ीमत का अन्दाज़ा नहीं
चूँकि तुम्हारी दुनिया में नमक ही नमक है
सस्ता और सुलभ पर
हमारी पहुँच से आज भी हज़ारों किलोमीटर
दूर है नमक

कि सोली भर नमक कमाने के लिए हमारे कन्धे उठाते हैं
काँवड़ भर सपने खोदते हैं
पातालभर गोदी अँधेरी पगडण्डियों को पाटने के लिए
लगाते हैं मील का पत्थर अपनी आदिम सभ्यता छुपाने के लिए
ताकि खिसक सकें दो–चार किलोमीटर और
सूरज की सीध में

बावजूद नमक का स्वाद हमेशा नमकीन नहीं होता
नमक का स्वाद कभी–कभी पाँव के छालों की टीस
जितना क़ीमती
और कभी–कभी बन्दूक़ की गोली से निकलने वाली
बारूद की गन्ध जैसा तीखा
तो कभी–कभी आँखों की पुतलियों पर दम तोड़ चुके
कुछ सफ़ेद ख़्वाब से भी फीका होता है

नमक की आज़ादी के लिए लड़ी गयी थी एक लड़ाई
सोचती हूँ चुपके से
इनके कानों में किसी ऐसी ही
लड़ाई के प्रारम्भ का बिगुल फूँक दूँ क्या?

ताकि जान सकें ये भी नमक का असली स्वाद

मंगली

1.
पसन्द नहीं उसे कि
बिल्कुल भी नहीं सुहाते फागुन में खिले
टेसू के लाल चटक रंग कि जिन दिनों खिलता है टेसू
जंगल में उन दिनों जंगल भी आग उगलता है
जानती है मंगली आग उगलने का अर्थ
जलकर राख होना है

2.
बड़ी कोफ़्त होती है मंगली को
टेसू के मखमली चटक लाल रंगों से
कि डरती है मंगली
टेसू के फूलों की मादकता से मंगली जानती है
कि मादकता की आँधी में
झर जाते हैं टेसू के सारे चटक रंग
और छोड़ जाते हैं कभी न ख़त्म होने वाली
अमावस की काली रात

मंगली जानती है टेसू के मसले जाने के बाद वाले सच को
मंगली के भय का रंग ही
बस्तर पर छाया एक धूसर अभिशाप है

3.
नहीं खेलना चाहती मंगली
जंगल के बीचों–बीच लाल मखमली रंगों से होली
कि इस दफा बचाये रखना चाहती है
अपनी पहली यौवन मादकता की सुगन्ध
स्वप्न लोक के किसी प्रेमी के लिए

डरती है मंगली अपने अविकसित तन को
टेसू के फूलों की तरह मसल कर
निचोड़े जाने के डर से
मंगली जानती है
टेसू के लाल चटक रंग का राज़
मंगली जानती है लाल होना ही इनकी नियति है

वर्जित

लपक कर धर क्यों नहीं लिया
पत्थर पकड़े उन हाथों को
जो बेतहाशा तोड़े जा रही थीं
मेरी कलाई की चूड़ियाँ

जिनके माथे का कुमकुम वर्षों पहले
वाष्प बनकर उड़ गया नीले आकाश में
तारों की संख्या बढ़ाने
वही उदास माथों वाली औरतें पोंछ रही हैं
मेरे माथे का सिन्दूर

जिनके गले में पड़े
मंगलसूत्र की काली मोतियों को दरदरा पीसकर
गुज़र गया कालचक्र का कोई मनहूस पहिया
वही खाली गले वाली औरतें दोनों हाथों से झपट रही हैं
मेरी काली मोतियों की माला

जिनके लिए वर्जित है लाल रंग
जिनके जीवन का हरण किया जा चुका है कब का
नोच कर उतार रही हैं सरेआम मेरी चुनरी के गोटे
दर्द से इनका गहरा नाता है बावजूद इसके बता रही हैं

लाल रंग वर्जित है उनके लिए जिनके पाँवों की बिछिया
छिटक कर दूर जा गिरी हो

वर्जित है उनके लिए ऐसा कुछ भी जिससे पपड़ी
जैसे सूखे होंठों पर मुस्कान की एक बूँद बारिश हो सके

सुना है
ब्लैकहोल में ब्लैकहोल जैसा है कहीं

जहाँ से कुछ भी लौटकर आना सम्भव नहीं
सोच रही हूँ दुनिया की तमाम औरतों के माथे पर लिखे गये
इस वर्जित शब्द को खरोंच कर
किसी ब्लैकहोल के मुहाने से धक्का दे दूँ।

मृतक स्तम्भ

पाषाण युग से चली आयी परम्परा ने
बचाये रखा है हमें अब तक पाषाण होने से
कि जन्म से लेकर मृत्यु तक धर्मभीरुता का कीड़ा
हमारी नसों में गर्म लहू–सा दौड़ रहा है

तुम्हारा जाना पूर्वनिर्धारित था जिसे रोक पाना
हमारे वश में नहीं पर तुम्हें ज़िन्दा रखना
किसी इतिहास की गाथा की तरह
हमारी पहली प्राथमिकता है

तुम्हारी समाधि पर महीनों तक
ठण्डे पानी का घड़ा रखना हम नहीं भूलते
हमें पता है तुम्हारी प्यास को बुझाने का यही एक तरीक़ा है
तुम्हें पसन्द थी न ताड़ी–सल्फ़ी
हर वह वस्तु जो तुम्हें बेहद प्रिय थी

रख दी गयी है उकेर कर तुम्हारी स्मृति में लगे स्तम्भ पर
तुम्हारी प्रिय साइकिल जिस पर सवार होकर तुम
मीलों दूर जगदलपुर जाया करते थे
रोज़ी–रोटी की तलाश में

वह तूम्बा भी है, जिसमें रखा पेज
तुम्हारी जीभ को मीठा लगता था
रस्सी की टूटी खटिया, गेंदे का फूल
सँभाल कर उकेर दिया है
धान काटने वाला हँसिया और
लकड़ी काटने वाला टँगिया भी

गुड़ाखू की डिबिया, तम्बाकू की पुड़िया
के साथ पड़िया[1] और पान का पुड़ा

पत्थर तोड़ते तुम्हारी मांसपेशियों से निकलने वाले
पसीने का आत्मीय मित्र
तुम्हारा लाल गमछा भी रख छोड़ा है
हमारी ख़ैर–ख़बर लेकर तुम तक
सन्देश पहुँचाने वाले कौवों की तस्वीर भी
तुम्हारी मेनहीर[2] में उकेर दिया है

तुम चिन्ता न करना बीज पंडुम[3] में तुम्हें न्यौता भेज देंगे
तुम्हारी बिटिया के ब्याह का तुम जाओ ख़ुशी–ख़ुशी
हमें पता है मेनहीर का आकार सालों बढ़ेगा तेज़ी से
कि तुम मरने के बाद भी

अपने गाँव की मिट्‌टी के लिए शुभ संकेत छोड़ जाओगे
मृतक स्तम्भ के रूप में
तुम्हारा जाना पूर्वनिर्धारित होने के बावजूद
हम तुम्हें जाने नहीं देंगे कभी हमारे बीच से।

---

1. लकड़ी की कंघी।, 2. स्मृति पाषाण।, 3. स्थानीय त्यौहार।

पटेल पारा नैमेड़ के बच्चे

पटेल पारा नैमेड़ के बच्चे जानते हैं
झुनकी, पायकी, मनकी
और सुकली के घर खाने में क्या पका है
कैसे बनता है तालाब की मछलियों का स्वादिष्ट पुड़गा[1]

ख़ूब खाना जानते हैं ताड़ी
झाड़ का काँदा
पीते हैं सल्फ़ी का रस
नहीं डरते लन्दा और हँडिया का नशा करने से
इन्हें पता है महुए को सुखाकर
दारू बनाने और बेचने की कला

बोड़ा[2], फुटु[3], बास्ता और
छिन्द खाने का लेते हैं असली मज़ा

पटेल पारा नैमेड़ के बच्चे बस्ते में भरकर नहीं लाते
कॉपी--किताब और पेंसिल

---

1. पत्तों के भीतर छोटी मछली रखकर अंगारों पर पकाया जाता है जिसे पुड़गा कहते हैं।, 2. बारिश के मौसम में साल वृक्ष के नीचे एक विशेष तरह का मशरूम मिलता है जिसे बस्तर में बोड़ा कहा जाता है।, 3.मशरूम।

बल्कि उठा लाते हैं
मध्याह्न भोजन की थाली

क्योंकि मालूम है इन्हें
भूख की तड़प का हल कर लिया है
इन्होंने छोटी सी उमर में
पेट की आग को
क्षुब्ध करने का सबब

पृथ्वी गोल है, क्या करना जानकर
कि ख़ुश हैं ये तो बस
रोटी की गोलाई नापकर।

रोटियों के बीच केचप

उनके पेन में नीली स्याही नहीं भरी जाती
उनकी किताबों पर एनसीईआरटी का ठप्पा नहीं लगा होता
उनका अपना पठन–पाठन का सिलेबस है

उनके शिक्षक पढ़ाने से पूर्व
पाठ्य योजना बनाना ज़रूरी नहीं समझते
कि भूगोल समझाने के लिए उन्हें मानचित्र की ज़रूरत नहीं

न ही विज्ञान के लिए किसी लैब की आवश्यकता

बजाने की इजाज़त नहीं उन्हें
प्रार्थना में राष्ट्रीय गीत, राष्ट्रीय गान वाली धुन
वे लोग एक सुर, लय, ताल के साथ लाल सलाम गाते हैं

ऐसे जैसे यह उनके पूर्वजों का बनाया कोई मीठा लोकगीत हो

तीर के आख़िरी हिस्से पर धीमा ज़हर का लेप लगाने
पहाड़ की अन्तिम चोटी से शेर की तरह दहाड़ने
आवारा जानवरों को आखेट के गुण रहस्य सिखाने
बारूद के उपयोग की गहरी रणनीति बनाने के अलावा

वे लोग इस बात पर काफ़ी ज़ोर देते हैं कि
जंगल का उपयोग छिपने या छिपाने के लिए नहीं
बल्कि शिकार को दबोच कर खाने के लिए करें

इनके कुछ अपने नियम होते हैं
गोली का बदला गोली
बारूद का बदला बारूद

इनके सीखने की गति ऐसी कि घड़ी पर
टिक–टिक करते सेकेंड का काँटा भी शरमा जाये

फिर भी यह मुनासिब है कि वह देश के राष्ट्रपति का नाम
भूल जायें
भूल जायें वे सौ सैकड़ा धारी भारत रत्न का मशहूर नाम
या फिर वे उल्टा आपसे पूछ लें उस देश का नाम
जहाँ की धूप यहाँ से नरम है

जहाँ मौसम विपदा बन कर नहीं, उत्सव बन कर आते हैं
बोलती आँखों वाले चेहरे यह भी पूछ सकते हैं

जैसे उनके पिता की पीठ पर लदा नींव का पत्थर
कब और कैसे खिसक कर खाई में जा गिरा

जैसे सल्फ़ी से भरा तूम्बा
अमूल दूध के डिब्बे में कैसे बदल गया
जैसे दशहरा में रथ की मोटी रस्सियाँ खींचने वाले हाथों में
क्यों उग आये कैक्टस की तरह नुकीले काँटे

जैसे कि पूछ सकते हैं जंगली केवरी फूलों का अचानक
सूरजमुखी की तरह खिलने के पीछे का कारण
जैसे कि यह भी पूछ सकते हैं
गन्ने को पेरने के बाद सूखे छिलकों में
आग लगाने के लिए बारूद का पता

ख़ैर पूछने के लिए तो बहुत कुछ पूछ सकते हैं
उनकी कच्ची बुद्धि को इतना पकाया गया है कि
वे अब इनकार करने लगे हैं

कच्ची ईंट की तरह भुरभुरा कर मिट्टी में मिल जाने से
उनके टिफ़िन–डिब्बे में रोटियों के बीच केचप की तरह
आसानी से रख दी जाती है बदले की आग

ताकि ठण्डी रोटियों का ताप बना रहे

बावजूद उन्हें अब तक क्लासरूम में टीचर के प्रेजेंट की
आवाज़ पर
यस सर बोलने का हुनर नहीं आया

बल्कि वह जंगल के मनमोहक सन्नाटे में सेंध लगा चुके हैं
हैंड्स–अप की एक कड़क आवाज़ पर एकदम से
खड़े हो जाते हैं
अपने दोनों हाथ हवा में उठाकर

जैसे खड़ा हो जाता है पन्द्रह अगस्त को
ज़िला मुख्यालय में हमारा राष्ट्रीय झण्डा।

निर्णय

तुम पुरुष हो
प्रेम करना और प्रेम से विमुख होना
तुम्हारा निजी निर्णय हो सकता है

पर मैं स्त्री हूँ
प्रेम करना मेरा निजी निर्णय हो सकता है

परन्तु प्रेम से विमुख होना मेरे स्त्रीत्व को गवारा नहीं
शायद इसलिए तुमसे प्रेम करने के बाद

मेरे भीतर धरती की सारी स्त्रियाँ
बूँद–बूँद जमा की गयी
आँसुओं की एक पोटली रख जाती हैं

इस उम्मीद से
कि जब भी कोई स्त्री प्रेम में होने का निजी निर्णय लेगी
तो आँसुओं की पोटली का भार दुगना हो जायेगा

और एक दिन इन्हीं आँसुओं से
सींच आयेंगे सुख की फ़सलों को
ताकि प्रेम का रंग गहरा हरा हो जाये

घूमता है बस्तर भी

पृथ्वी घूमती है अपनी धुरी पर
कि पृथ्वी का घूमना तय क्रम है
अँधेरे के बाद उजाले के लिए
कि घूमती है पृथ्वी तो घूमता है
संग–संग बस्तर भी

पृथ्वी की धुरी पर
पृथ्वी घूमती है अपनी धुरी पर तेज़ी से
कि घूमता है बस्तर भी उतनी ही तेज़ी से

इसकी उसकी तिजोरी में
गणतन्त्र का उपहास उड़ाता
काले धन की तरह
छिपता–छिपाता

पहाड़ों की तलहटी और जंगलों की ओट से
जब भी झाँकता, दबोच लिया जाता है
किसी मेमने की तरह

पृथ्वी घूमती है अपनी धुरी पर
कि घूमता है बस्तर भी

इसकी उसकी कहानियों में
चापड़ा, लन्दा, सल्फ़ी, घोटुल, चित्रकोट के
बहते पानी में बनती इन्द्रधनुष की 'परछाइयों' सा

जब भी कोशिश की बस्तर ने
सूरज से सीधे साँठ–गाँठ की
निचोड़कर सारा रस
तेंदू, साल बीज की टहनियों का तब–तब
टाँग दिया गया बस्तर को सूखने के लिए

पृथ्वी घूमती है अपनी धुरी पर
कि घूमता है बस्तर भी देश–विदेश में
उतनी ही तेज़ी से किसी अजायबघर की तरह

जिसे देखा, सुना और पढ़ा तो जा सकता है
किसी रोचक क़िस्से–कहानी में
बिना कुछ कहे निःशब्द होकर

पृथ्वी घूमती है अपनी धुरी पर
कि घूमता है बस्तर भी

अपने सीने में छुपाये पक्षपात का ख़ूनी खंज़र

न जाने वह कौन–सी ओजोन परत है
जिसने ढँक रखा है
बस्तर के हिस्से का
सारा उजला सवेरा?

इन्द्रावती

भद्रकाली के अन्तिम छोर पर
घुटनों तक डूबकर इन्द्रावती[1] नदी के पानी में
मैं महसूस कर लेती हूँ
बस्तर का सारा सच

मुझे पता है
इन्द्रावती नदी सब कुछ जानती है
जानती है इन्द्रावती
कि रोती है चुपके–चुपके

जब उस पर सवार होकर गुज़र जाता है
लाल आतंक का साया

ठहर जाती है सिहर कर
वहीं दुबक कर
कि पता है अब
उसकी कोख का रंग हो जायेगा लाल

ठिठक कर रुक जाती है इन्द्रावती नदी

---

1. बस्तर की प्राणदायिनी नदी।

बहते–बहते अटक जाते हैं
उसके कई साज
कि पता है अब
बाँधी जायेगी वो ज़ंज़ीरों में

और ठहर जायेगा उसका यूँ अनवरत बहते रहना

शान्त शीतल बहते–बहते चौंक कर
नींद से अचानक जाग उठती है इन्द्रावती
कि पता है अब
होगा शोर, बहुत शोर

रौंदी जायेगी मसली जायेगी
और फिर उठाकर पटक दी जायेगी
कहीं किसी महासागर में

कितना कुछ सहती है
इन्द्रावती नदी
कालाहाँडी से भद्रकाली के अन्तिम छोर तक

तभी तो घुटनों तक डूबकर
इन्द्रावती नदी के बहते पानी में
मैं महसूस करती हूँ

बस्तर का सारा सच
बस्तर का सारा सच

पाषाण

जब–जब पूछा तुमने सवाल
मैं पाषाण–सी होती चली गयी

सवालों की रिसती चुभन से
बूँद–बूँद खरोंच कर जमा किया भीतर ही भीतर
ख़ूब सारा मवाद

और बन गयी अभेदी अबुझी अँधेरी गुफा–सी
जहाँ तुम्हारे सवालों की गूँज समा जाती है
गहरे पानी में

कि तुम खड़े रह सको बिना पिघले
किसी हिमालय–सा

हो सके तो बचा लेना तुम्हारी नसों में
कुछ हिस्सा पाषाण–सा
बर्फ़ बनने से पहले

ताकि बचा रहे
गर्म–गर्म ख़ून–सा तुम्हारे भीतर भी

औरतें जो अच्छी नहीं होतीं

औरतें जो अच्छी नहीं होतीं
कि जल्दबाज़ी में निपटा आती हैं चूल्हा–चौका

छोड़ आती हैं फ्रिज में
गुँधे हुए आटे का कुछ अंश
कि पहुँचना होता है उन्हें कहीं
ठीक उस वक़्त
जब खानी होती हैं
ससुर को गर्म–गर्म रोटियाँ

औरतें जो अच्छी नहीं होतीं

कि कर आती हैं झगड़ा प्रसव कक्ष में
देती हैं गन्दी–गन्दी गालियाँ
झाड़–पोंछकर अपनी नाल
उठ खड़ी होती हैं
मुट्ठी में थामे बित्तेभर की नयी कोख

ठीक उस वक़्त जब
जगह–जगह से दरकती
बंजर भूमि को सिंचना होता है

स्वाति नक्षत्र की बूँदों से
औरतें जो अच्छी नहीं होतीं

कि मारती हैं हाथ–पाँव
सौदा करती हैं पाताल लोक की परियों से
रेवड़ियों की तरह बाँट आती हैं
अपना सारा सुख

उन्हें तितलियों से खेलना
और फूलों–सा महकना अच्छा लगता है

ठीक इसके विपरीत
नहीं चाहतीं कुछ भी ऐसा
जिसमें भरा हो रंग

ठीक उस वक़्त
कोई कुम्हार खौलाते हुए
रेतीली मिट्‌टी
मिला रहा होता है उसमें धातु का चूरा
ताकि बना सके मज़बूत घड़ा

उन औरतों के लिए
जो अच्छी नहीं होतीं

जवाब

अब नहीं जायेगी अनिता स्कूल
नहीं चहकेगी घर के आँगन में किसी चिड़िया की तरह

नहीं बीनेगी माँ संग महुआ टोरा
नहीं तोड़ेगी तेंदू पत्ता सखियों संग जंगल में

फुदक–फुदक कर नहीं नहायेगी अनिता
गाँव के तालाब में

खिल–खिल कर सुनाई नहीं देगी
अब उसकी हँसी मेले–हाट–बाज़ारों में

नहीं खेलेगी इस बरस
रंगों की होली भइया संग
गाँव के चौराहे पर

अब नहीं आयेगी अनिता लौटकर कभी
बस्तर की इन हरी वादियों में मोटियारी बनने

नहीं रही अनिता
कि मार दी गयी कोटा बाज़ार में

प्रेशर बम से उड़ गये उसके शरीर के चिथड़े
हाथ कहीं और पैर कहीं जा गिरा

ख़ून से लथपथ अनिता का जिस्म
कितना तड़पा होगा, फड़फड़ाया होगा उसका मन

जाने से पहले चीख़–चीख़ कर
रोयी होगी उसकी आत्मा
उपजे होंगे उसके
ज़ेहन में भी कई अनसुलझे सवाल

कब तक यूँ ही मासूमों के ख़ून से
होती रहेगी बस्तर की भूमि लाल

है किसी के पास इन सवालों का 'जवाब'
बोलो, बोलो ना कोई तो कुछ बोलो?

सोमारू के लिए

दण्डकारण्य के बीहड़ जंगलों से
एक बार फिर लिखूँगी मैं तुम्हें
सम्बोधित करते हुए प्रेमपत्र

भले ही तुम संवाद न कर सको
मेरे लिखे हुए शब्दों से

फिर भी मैं लिखूँगी तुम्हें
घोटुल की मोटियारी की तरह,
प्रेम में सब कुछ अर्पण करने वाली

मैं लिखूँगी तुम्हें गुण्डाधुर मानकर
एक नयी क्रान्ति की शुरुआत जानकर,

मांदर की थाप, सल्फ़ी ताड़ी की मिठास पर थिरकते
तुम्हारे पाँवों की धूल को माथे लगाकर

मैं लिखूँगी तुम्हें प्रेमपत्र बस्तर की गौरवशाली
इतिहास की पुनरावृत्ति के नाम

महाराज प्रवीरचन्द भंजदेव[1] का
माई दन्तेश्वरी के प्रति आस्था के नाम

---

1. बस्तर के अन्तिम शासक।

तुम्हें इन्द्रावती की सन्तान मानकर
ककसाड़ गेंड़ी की ताल पर
संस्कृति, सभ्यता और परम्परा का
निर्वाह करने वाला सोमारू जानकर

मैं लिखूँगी तुम्हें प्रेम–पत्र

लहूलुहान हो चुकी तुम्हारी आत्मा
तुम्हारे शरीर पर लगी चोटों के नाम

मैं सुन सकती हूँ तुम्हारी आवाज़
जो पुकारती है मुझे दण्डकारण्य के बीहड़ों से
चीख़–चीख़ कर

सुनो मैं जानती हूँ तुम लौटकर ज़रूर आओगे
जब पढ़ोगे गोंडी भाषा में लिखे
मेरे प्रेमपत्र
अपनी कोट की जेब से निकालकर

तब तुम देखना
लहूलुहान हो चुकी बस्तर की भूमि पर
पलाश के सुर्ख़ लाल फूल
प्रेम बरसाने लगेंगे

हाँ तब भी मैं लिखूँगी तुम्हें प्रेमपत्र
बस्तर का आदिवासी सोमारू समझकर

क्योंकि मैं तुमसे प्रेम करती आयी हूँ
युगयुगान्तर से
सच्चा प्रेम मेरे सोमारू!

सोमारी

बीनते हुए टोरा महुआ
तोड़ते हुए तेंदू पत्ता
धूप संग अठखेलियाँ करती सोमारी
ख़ूबसूरत लगती है

भर रेत की तगाड़ी सर पर उठा
गारा मिट्टी मिलाती
गिट्टी तोड़ती हुई सोमारी
ख़ूबसूरत लगती है

लन्दा मंडिया दारू पीती–गुड़ाखू घिसती
उन्मुख हो साप्ताहिक
बाज़ारों में पलभर की ख़ुशियाँ तलाशती
सोमारी ख़ूबसूरत लगती है

पान का एक निवाला
जुड़ा की एक खोपी
हाथों में गुदना गुदवाती
निश्छल प्रेम करती हुई
सोमारी ख़ूबसूरत लगती है

अक्सर जंगल में मोरनी की तरह नाचती
सोमारी को देखकर
मुझे न जाने क्यों
मेरी ख़ूबसूरती झूठी–सी लगती है
सच सोमारी बहुत ख़ूबसूरत लगती है

देह की गन्ध से उगता सूरज

नदियाँ समझती हैं तुम्हारे मनुष्य होने की
भाषा हमसे बेहतर

तुम्हारी नमक की ज़रूरत को पगडण्डियाँ भोगती हैं
हमसे ज़्यादा

तुम्हारी देह की गन्ध से उगता है जंगल का सूरज

तुम्हारी हथेलियों पर हल की नोक से बनी रेखाओं को देखकर
पहाड़ गुनगुनाता है क्रान्ति गीत

तितलियाँ सुनती हैं तुम्हारे पैरों की पदचाप

ध्वनियों को जोड़कर समझती हैं फूलों से प्रेम करने की वजह
तुम्हारी आँखों के नीलेपन को
उधार लिए घूमता है समन्दर का खारापन

तुम्हारी हँसी के ग्राम मिलीग्राम के झरते हीरे के टुकड़ों को
आसमाँ टाँकता है
अपनी ज़मीन पर तारों की तरह

तुपकी[1] की सलामी

तुपकी की सलामी के बिना
टस–से–मस नहीं होता जगन्नाथ का रथ
फूले नहीं समाते बस्तरियाँ
भगवान को गॉड ऑफ़ ऑनर की सलामी देते

पेन परब, जात्रा, मँड़ई–मेले
इनके लिए खुली खिड़कियों से आती–ताज़ा हवा की तरह हैं

हाथों में रंग–बिरंगी तुपकी थामे उनमें
पेंग[2] के दाने भरते हुए उछलते हैं
सफ़ेद ख़रगोश की तरह

बतियाते हैं पहाड़ी मैना की तरह
खिलखिलाते हैं जैसे जंगली झरने

प्रेम में डूबते उतरते हैं
मानो हों कोई फ़िल्मी नायक–नायिका

---

1. बस्तर में भगवान जगन्नाथ को 'गोंचा पर्व' पर सलामी देने के लिए बाँस से 'तुपकी' का निर्माण किया जाता है। यह बन्दूक़ की तरह चलती है एक तरह से इसे बाँस से बनी हुई बन्दूक़ कह सकते हैं।, 2. मटर के दाने के आकार का एक फल होता है जो तुपकी में गोली का काम करता है। जिसे स्थानीय बोली में 'पेंग' एवं 'पेंगु' कहा जाता है।

भले ही बासमती चावल का स्वाद चखा हो
कभी इनकी जीभ ने
पर मँडिया पेज अपने कन्धे पर
सँभाल कर ढोना नहीं भूलते

देखते हैं ख़ुद को जब
ग्लोब के नक़्शे पर किसी अचम्भित
कर देने वाली घटना की तरह
तब भी नहीं सोचते उन फटी आँखों में
उकेरी गयी अपनी तस्वीर के
फटे हिस्से के विषय में

उनका मन तब भी खिन्न नहीं होता

जब बार–बार ढूँढ़ा जाता है उन्हें
आशंकित मन से गूगल पर कि कहीं पत्तों से ढँका
उनका कोई गानव अंग दिख जाये

किसी के माथे पर चमकता दिख जाये
आदिम युग का सिक्का

बावजूद इसके बाँस की नरम
खोपचियों से उत्सव का रंग हरा करने की
जुगत में इनकी हथेलियाँ सूई में धागा डाल
बड़ी आसानी से सिल लेती हैं अपने दरकते
आत्म/स्वाभिमान को चुपके से

इनकी आदत में शुमार है
अफ़वाहों की राख़ और पूर्वाग्रह से ग्रसित
कुछ एक हितैषियों की दुआओं को साल की
लम्बी टहनियों में बाँधकर लटका आने की प्रथा
तुपकी को हल्के में लेने वालों को शायद
इस बात का अन्दाज़ा नहीं कि तुपकी
मात्र बाँस की खोपची भर नहीं कि तुपकी
थामे हाथ जानते हैं

पेंग की जगह ज़रा–सा बारूद की छुअन

सलामी के लिए उठी हुई तुपकी को अचानक
बदल सकती है तुपक[1] में

बावजूद इसके वो

झूमते हैं, गाते हैं, मनाते हैं पेन परब
पूजते हैं रथ के पहियों को इस आस में
कि रथ के पहियों को एक–न–एक दिन
इस बात का भान होगा

कि छह सौ दस वर्ष कम नहीं होते
किसी ईश्वर को पूजने के लिए
वह भी हज़ारों–हज़ार तुपकियों की निश्छल सलामी के साथ

---

1. बन्दूक़।

मँडिया पेज

दोनी भर मँडिया[1] पेज
और भर आती है
बुधरी सारा दिन अपनी हथेलियों में

दोनी भर मँडिया पेज और भींच आते हैं बच्चे
सपनों से सजी दुनिया अपनी मुट्ठी में

दोनी भर मँडिया पेज और उठा लाता है बुदरू
अपने हिस्से का सारा आकाश कन्धों पर

दोनी भर मँडिया पेज और भर जाता है सारा घर
ख़ुशियों से

---

1. बस्तर में गर्मियों के दिनों का प्रचलित पेय है 'मँडिया', जिसे हिन्दी में रागी भी कहा जाता है, जो सरसों के दाने के आकार का भूरे रंग का अनाज है।

सातधार[1]

नदी बहते हुए भी नहीं निकलती कहीं दूर
अपना घर–बार छोड़कर

नदी का पानी भले ही चला जाये दूर देश

नदी को ऊब नहीं होती एक ही तरह की फ़सल सींचते हुए

नदी की गोद में झूलता हुआ जंगल हमेशा हरा–भरा होता है
पत्तियाँ हवाओं की सारी नमी खींच लाती हैं
ताकि नदी के पानी में बचा रहे नमक

पूर्णिमा स्नान के दिन
नदी का पानी अन्य दिनों की अपेक्षा काफ़ी गर्म होता है

नदी की धाराएँ
अपनी चुप्पी के दिनों में ज़्यादा शोर मचाती हैं

एक नदी चाहती है
उसके तट पर गाया जाये छठी मइया का गीत,

---

1. बारसूर में इन्द्रावती नदी बहते हुए सात अलग–अलग धाराओं में बँट जाती है। यह एक सुन्दर दृश्य है।

क़दम का पेड़ हो उसके किनारे कहीं
शर्त लगा कर पार कर जाये कोई तैराक नदी की
लम्बाई–चौड़ाई

सिकुड़ कर बैठ जायें नदी की सारी मछलियाँ
उछलकर पानी में कूदने वाले भविष्य की सलामती के लिए

नदी हमेशा चाहती है निकाला जाये हर रोज़
एक लोटा पानी
उसके भीतर से उगते सूरज को अर्घ्य देने के लिए

एक नदी तब बहुत उदास होती है
जब उससे मिलने कोई नहीं आता

तब नदी ख़ुद ही ढूँढ़ने निकल जाती है
सात दिशाओं में बँटकर अपने हिस्से का प्यार

गायता अब भी मुँह ताकता है

धीरे–धीरे वो एक चुप्पे आदमी में बदल गया
कभी–कभी बुदबुदाता है
देवता की तरफ़ देखकर

चावल के दानों को हाथ में लेकर
मन्त्र पढ़ते हुए चाहता है
हाथों से उठाये गये चावल के दाने जोड़ियों में निकले
ताकि समस्या का समाधान ढूँढ़ा जा सके

समस्या सिर्फ़ एक थी
गायता को याद थीं अपने पूर्वजों की प्रार्थना भाषाएँ

पर गायता को नहीं पता
कि चौरासी हज़ार देवी–देवता पलायन कर गये हैं
इन्द्रावती नदी की धार तोड़कर
अन्य नदियों के जल का स्वाद चखने

गायता अब भी यही सोचता
ताड़–झोंकनी की पूर्व प्रार्थनाओं में
जैसे चले आते थे देवता

वैसे ही लौट कर आ जायें धमक के साथ
उसकी अब की प्रार्थनाओं में कहीं

वो बड़ी उम्मीद से खाली हो चुकी
गुफाओं का मुँह ताकता रहता है

मुझे तुम्हारा नाम पसन्द है

गोरी नहीं है मेरी कलाई

फिर भी कलाई का वह भाग
कितना दमक रहा है जिस पर
तुम्हारा नाम गोदवा रखा है मैंने

कलाई पर तुम्हारा नाम गोदवाने का अर्थ
यह क़तई नहीं कि मुझे तुमसे प्रेम है

मैं चाहती तो गोदवा सकती थी
माथे के ठीक बीचों–बीच हरे रंग का उगता सूरज

मैंने नहीं चाहा गोदवाना
अपनी बाँहों पर बेल–बूटे, हरी पत्तियाँ
गोदने वाली ओझा स्त्री ने कहा भी
गोदवा लो अपने गालों पर
पलाश की तरह दहकता कोई फूल या
बेतकल्लुफ़ी से बहती नदी की कोई धारा

पीठ पर गुनगुनाते भौंरों की तस्वीर
या पैरों की उँगलियों पर चाँदी–सा कोई बिछिया

मैं चाहती तो गोदवा सकती थी अपने कानों पर
मोर पंख की तरह रंग–बिरंगी बालियाँ

पर मुझे तुम्हारा नाम पसन्द है

ओझा स्त्री से कहा मैंने
सरई पेड़ के गोंद को अच्छी तरह पकाकर
पहले पक्का कर ले रंग

फिर उसे चुभो दे सूई की नोक से इस तरह
तुम्हारा नाम घुल–मिल जाये ऐसे मेरी धड़कनों में
जैसे कोई सरई का पेड़ उसकी पत्तियाँ
बिना किसी शोर के मिल आती हैं हवाओं के गले

धर आती हैं चुपके से
उनके माथे पर स्नेह का चुम्बन ताकि
हवा का रंग हल्का गुलाबी रहे

ठीक वैसे ही मैं चाहती हूँ

गुदने की पीड़ा से मेरी आँखें सलोनी हो जायें
मेरी कलाई पर जहाँ गुदा है तुम्हारा नाम
लीपकर गोबर
तुम लगा देना तेल–हल्दी का लेप

और ज़रा–सा सहला देना मेरी कलाई पर
लिखे हुए अपने नाम के तमाम अक्षरों को

ताकि तुम्हारे छूते ही गोदने का दर्द
बदल जाये मीठी ताड़ी के नशे में

नशा दर्द को धीरे–धीरे मारता है
तुम्हारे नाम के गोदने के दर्द के साथ
मैं भी मरना चाहती हूँ धीरे–धीरे
क्योंकि मुझे तुम्हारा नाम पसन्द है ओ मेरे सोमारू!

तुम्हें चूमकर

चूमकर तुम्हारे माथे को
एक दिन पृथ्वी को चूमना चाहती हूँ

ताकि तुम्हारे माथे की
उर्वर भूमि का स्वाद
चख सकें धरती के वो तमाम बच्चे
जिनकी जीभ को नहीं पता
स्वाद और स्वाद में अन्तर

तुम्हारे माथे से टपकता पसीना
हल की नुकीली चोंच और
धरती की मुलायम मिट्टी के बीच
किसी सुरक्षा कवच की तरह है

तुम्हारे माथे को चूमना
मेरे लिए धरती पर प्रेम पुष्पों की
पहली फ़सल का लहलहाना है

नदी का पानी सूखता क्यों नहीं

सन्नाटे से भरी बस्तर की सड़कें
जिनके भाग्य में लिखा है भारत के दक्षिणी कोने पर
एन एच तिरसठ का आवरण ओढ़े सुबकते रहना

जहाँ अक्सर फूटते हैं टिफ़िन–बम प्रेशर–बम
बिना किसी कारण जला दी जाती है बरातियों से भरी बस

दुल्हन का जोड़ा जल कर राख हो जाता है

बच्चों को नहीं लुभातीं डामर की चिकनी सड़कें
बीच सड़क पर लगती है जन अदालत
उन आकाओं की जिन्हें नहीं पसन्द डामर की गन्ध

जहाँ जब–तब सवारी बस के पहियों के साथ
जल उठता है सारा जंगल बेबस लाचार–सा

बस्तर की सड़कें उगलती हैं अपना गुस्सा
महुए की मादकता पर
चिरौंजी, तेंदू की मिठास पर
इमली, अमचूर की खटास पर

मँडिया ज्वार के पेज पर चापड़ा के स्वाद पर
गौर सिंग की शान पर और मुर्गा लड़ाई की आन पर

लिंगोपेन से आकाशगंगा की दूरी नापना चाहती हैं
यहाँ की आदिम संस्कृतियाँ
पर उपेक्षा के ब्रेकर से टकराकर लौट आती हैं
ऐसे जैसे डामर की सुन्गध को नथुनों में भरने
मात्र आ रही हों जंगल से बाहर

डामर की लाल लपटें जलाती हैं
धू–धू कर दिमाग़ की नसों को
तब कहीं जाकर पाण्डु देख पाता है
ज़िला अस्पताल का मुँह
और झुनकी जान पाती है
नमक तेल सब कुछ नहीं होता
सूरज का गोला तीखी धूप के साथ चमकता भी है

जिस सड़क की क़ीमत
सैकड़ों जवानों के गर्म लहू में सालों तक
पिघलता तारकोल हो
वह सड़क इतिहास के पन्ने पर किसी
फफोले की तरह ही दर्ज होगी

बहरहाल जो भी हो, इतना तो तय है
जब भी अकेले होती हैं ख़ूब रोती हैं बस्तर की सड़कें
कितना कुछ कहना चाहती हैं
पर कह नहीं पाती जुबान बारूद की गन्ध से
लड़खड़ाने लगती है

एन एच तिरसठ सड़क नहीं
बल्कि उन तमाम उदास, हताश, निराश,
अनाथ आँखों से टपकता आँसू है
जिन्हें मोहरों की तरह इस्तेमाल किया जाता रहा है

तभी मैं सोचूँ इन्द्रावती नदी का पानी सूखता क्यों नहीं

अचार का स्वाद

भेड़–बकरियों की तरह ट्रकों में ठूँस कर
लाया जाता है भीड़ का हिस्सा बनने
तब पता होता है मंगली को
आलू की सब्ज़ी–पूड़ी एक फाँकी आम के अचार का स्वाद

रास्ते भर लार टपकाती
आँखों को फाड़–फाड़ कर देखती है
सड़क के दोनों किनारे उग आये बाज़ारवादी संस्कार

घण्टों धूप में इन्तज़ार करती
यहाँ–वहाँ धक्के खाती दोनों पैरों को पूरी
ताक़त से ज़मीन पर जमाने की जुगत लगाती
मुँह से टपक आये लार को धीरे से पोंछकर
अपनी दोनों हथेलियों पर अचार के तेल का
फिसलन जैसा कुछ महसूस करती

देखती है मंच के दायीं–बायीं तरफ़
ताज़ा फूल के गुच्छों को ताकती है
आस–पास फर्राटे से अंग्रेज़ी में
गुड़मुड़–गुड़मुड़ करते आसमाँ की तरफ़ उठते
मोबाइल पकड़े कई–कई हाथों को

हाथों के ऊपर उठने का संकेत मंगली अब थोड़ा–थोड़ा
समझने लगी है

अफ़रातफ़री के बीचों–बीच माइक से आने वाली आवाज़ों
का सुर
कितना मीठा होता है

कितनी चिन्ता फ़िकर होती है उस बड़े आदमी के भीतर
मन गद्गद हो जाता है सुनकर
सबो दादा–दादी सियान मन पिला झिला मन चो जोहार
और फिर पता नहीं क्या–क्या

बड़ा–सा पण्डाल खाली होने लगा

भीड़ के बीच दोनों हाथों को फैला एक नहीं
बल्कि दो बार झपट्टा मार कर छीन लाती है मंगली
दो पैकेट आलू की सब्ज़ी–पूड़ी और आम का अचार

देखो तो मंगली का चेहरा कैसे चमक रहा है
जैसे कोई जंग जीत लिया हो

कभी–कभी मुँह का स्वाद बदल जाना
कहीं–कहीं जंग जीत लेने से भी बड़ी बात होती है

जंगल को नहीं जानते

वे लोग जंगल को नहीं जानते
जंगल की ज़मीन लुदलुदी होती है

ज़रा–सी मिट्टी उखाड़ा
कि फूट पड़ते हैं पानी के ठण्डे स्रोत

नये बीजों को रोपने में यहाँ ज़्यादा मेहनत नहीं लगती

खाद–पानी की सही मात्रा डालने की भी उतनी आवश्यकता
नहीं पड़ती
कि कुछ पौधे तो बिना बीज
बिना किसी सहारे के यूँ ही उग आते हैं

जंगल में उगने वाला हर पौधा जंगली कहलाता है

बावजूद इसके हवा, पानी, फल छाया लिए तैयार खड़ा
होता है
हर किसी के लिए बिना कोई पूर्वाग्रह के
वे लोग जो जंगल को नहीं जानते

जंगल में उगने वाली प्रजातियों को जंगली कह कर बुलाते हैं,
जंगल को नहीं जानने वाले लोग उगाते आ रहे हैं
पथरीली भूमि पर कैक्टस जैसी प्रजाति के बगीचे
जिनके नुकीले काँटों में उलझकर लहूलुहान हो रही है
जंगल के बाहर की दुनिया

इसलिए ज़रूरी हो गया है जंगल के विषय में जानना ताकि
शुद्ध हवा के अभाव में फैलते दूषित साँसों के संक्रमण को
रोका जा सके

चलो चलें शहर से जंगल की ओर

यही एक उपाय है शुरुआत के लिए जड़ों तक
लौटाना ही होगा

कि लौटने की प्रक्रिया को पुनर्जन्म जैसा
किसी चमत्कारी शक्ति का
शुभ संकेत भी मान सकते हैं

हारी हुई प्रार्थनाओं का दर्द

तुम कब कहाँ और कैसे आकर विराजे हमारी परिधि में
यह कोई नहीं जानता

तुमको देखकर लगता है तुम उतनी ऊँचाई पर नहीं
जितनी ऊँचाई पर विराजे हैं बूढ़ादेव

जिनके त्रिशूल के आख़िरी छोर पर जंग लग चुका है
वे भूल चुके हैं किसी भी लड़ाई से पहले
हथियार की धार पैनी करने की आवश्यकता को

तुमसे बहुत उम्मीदें हैं क्योंकि तुम और हम
भरभराकर गिर जाने
फिर साबुत होने की पीड़ा के गवाह हैं

इतिहास में पहली दफा हुआ
कोई देव टूटकर टुकड़ों में यहाँ–वहाँ बिखर गया

कि तुमको भी लेना होगा बदला उन आकाओं से
जिन्होंने बिना किसी भय के तुम्हारी देह को खण्डित किया

तुम उतनी ऊँचाई पर नहीं हो कि खोज न सको

चौरासी हज़ार देवी–देवताओं के पलायन करने का रास्ता

तुम्हारी आवाज़ हम तक और हमारी आवाज़
तुम तक सुगमता से पहुँच रही है

सब तुम्हें छूकर दुलार रहे हैं

तुम्हारी खण्डित हुई देह पर हल्दी लाली का लेप
लगा कर तुम्हें दर्द के भान से दूर ले जा रहे हैं

सब मानते हैं तुम शुभंकर हो

हम मानते हैं तुम एक प्रतीक्षित ख़बर हो
जो रास्ता भटक कर पर्वत के ऊपर पालथी मारकर विराजी है

तुम जानते हो वो सब कुछ जो हम कहना चाहते हैं

बार–बार कही गयी कड़वी बातों का स्वाद और भी
कड़वा होता है

चिड़ियों का एक झुण्ड प्रार्थनाओं का सन्देश लेकर
अभी–अभी उड़ा है
ढोलकल की पहाड़ी[1] की ओर

हमें तुम पर भरोसा है
तुम समझोगे हमारी हारी हुई प्रार्थनाओं का दर्द

---

1. गणेश भगवान की अद्भुत प्रतिमा बस्तर में बैलाडीला पहाड़ी में 3000 फ़ीट की ऊँचाई पर स्थित है इस पहाड़ को ढोलकल के नाम से जाना जाता है। यहाँ विराजमान गणेश जी को ढोलकल गणेश के नाम से जाना जाता है।

पेट का सौदा

पेड़ तक देर से नहीं उगते यहाँ
कि कहीं उखाड़ कर फेंक न दिये जायें
कुपोषण का शिकार समझकर

इन्हें जल्दी रहती है बढ़ने की
भूख के ख़िलाफ़ खड़े होने की

ये जितनी तेज़ी से बढ़ते हैं
उतनी ही तेज़ी से बढ़ता है पेट का खालीपन

उम्मीद है इनका बढ़ना उन हज़ारों आँखों का
जिनकी पलकों पर कोदो, कुटकी, पेज का सपना पलता है

जिनकी आँखें सेंकती हैं एक उम्र के बाद
ठण्डे चूल्हे की आग

हर साल बिना नागा किये उग आते हैं बहुतायत में
जंगली पौधे
कि इनके उगने से पूरा होता है पेट का सौदा

गणतन्त्र की नाजायज़ औलाद

हम गणतन्त्र का वो क़िस्सा हैं
जिन्हें तब बड़े चाव से सुनाया जाता है
जब नींद में ऊँघने लगता है सारा लोकतन्त्र

या कि तब जब शतरंज के सारे प्यादे
मारे जा चुके होते हैं

कभी–कभी तब जब हाथ खाली हों
और कुर्सी का पाया लड़खड़ाने लगे

तब भी जब ख़त्म होने लगती है
तमाम कहानियों की रोचकता

या तब जब यूँ ही बैठे ठाले कोई
नयी कहानी का पात्र ढूँढ़ना हो

सर पर हो अगले चुनाव का बोझ

झाड़–पोंछकर एक बार फिर खोला जाता है
हमारा पोथी पुराण

जैसे अखण्ड रामायण को किसी अचूक नुस्ख़े की तरह
उपयोग में लाया जाता है कष्ट दूर करने के लिए
ठीक वैसे ही तरकश में आख़िरी तीर की तरह
बचा कर रखा जाता है हमें

और एक बार फिर

गणतन्त्र की नाजायज़ औलाद की तरह

किसी अंग्रेज़ी राइटर के 'जंगल बुक' की कवर पेज पर
'ट्राइब ऑफ़ बस्तर' के नाम से मशहूर हो जाते हैं हम

इस दौर में मशहूर होने से बड़ी बात भला क्या हो सकती है

वह हर चुनाव जीत कर मशहूर होते हैं
और हमारी मशहूरी यह है कि हम कभी जीते ही नहीं

लिखने का दुस्साहस

सोच रही हूँ लिखनी होगी कोई ऐसी कविता

कोई ऐसी कहानी कोई ऐसा यात्रा–वृत्तान्त
जिसमें शामिल हो तितलियों का पंख
मछलियों का गलफड़ा, गेहूँ की बाली,
धान के खेत, छत की मुँडेर

कुआँ का ठण्डा पानी तालाब के मगरमच्छ वाली कहानी

चाँद पर बैठी कहावतों वाली बुढ़िया
आग के गोले–सा दहकता सूरज
माँ की लोरियाँ पिता की डाँट
दूध के टूटते दाँत

पड़ोस के चूल्हे पर पकती दाल का स्वाद चखने वाली चटोरी जीभ

दूर के रिश्ते की भाभियों की हँसी–ठिठोली
गिल्ली–डण्डे, परी–पत्थर, पिट्टुल की निशानियाँ

चूड़ी, पायजेब, बिछिया, सिन्दूर से भी भरी हुई माँग
करवा–चौथ, तीजा, दीपावली, होली पर बाँट कर खायी
जाने वाली मिठाइयाँ
कोसों दूर तक कानों में रस घोलने वाली
खनकती हँसी की कुछ तरंगें

लिखना चाहती हूँ धरती की उत्पत्ति से जुड़ी मिथक
कहानियों का कोई अंश

शामिल करना चाहती हूँ अपनी कविताओं में
उन तमाम शब्दों का अर्थ
जिन्हें दुनिया की किसी भी डिक्शनरी में
कभी तलाश ही नहीं पायेंगे हमारे बच्चे

कि जो कुछ हमने जिया है
आने वाली नस्लों को सिर्फ़ शब्दों में ही
हस्तान्तरित कर पायेंगे

इसलिए लिखने का दुस्साहस करने से पूर्व
मैं अपनी यात्राओं में
उन तमाम स्टेशनों पर विराम करना चाहती हूँ

जिनसे होकर गुज़रे थे कभी हमारे बाप–दादा
उनके पैरों के धुँधले निशान
जिन पर अपने पैर धर कर नापना चाहती हूँ

उनके पैरों से नापी गयी दुनिया
मेरे पैरों के नाप से कहीं कम या ज़्यादा तो नहीं

लिखना चाहती हूँ पृथ्वी की कहानी
अन्य ग्रहों से अलग क्यों

ऐसा ही कुछ विचित्र–सा लिखना चाहती हूँ

कि मेरे लिखे हुए शब्दों से ही अनुमान लगा पायेंगे हमारे बच्चे
मिट्टी और रेत के टीलों जैसी हुआ करती थी
कभी हमारी धरती

कैसे बचा

मृत सदी के पास जीवितों की भीड़ है
नहीं सन्देह अब
पुकार की निष्फलता पर

पर रुको

कुछ है जो जमा है इस धरा पर
नदी के किनारे
अब भी कोई आता है
उसके भीतर अपना रहस्य घोलने

यह क्या है?

कहाँ से आया है
कैसे बचा रह गया यह
सदी के देह में अपनी साँस को भरते हुए?

तब भी

नगर सेठ के बटुए से भारी हैं मेरी नील डूबी आँखें
सूखे कुएँ में रोप दो मेरी इच्छाएँ

दुनिया को पुल चाहिए

क्यों नहीं समझते
भाषा से पहले जब ध्वनि इतनी लायक नहीं थी
तब भी बनते थे भित्तिचित्र

जुड़ते थे पुल

तब भी नदी पीती थी नमक
आँखों का कसैला घुलता था रेत पर

याचक तब भी देखता था निरुपाय
आकाश की ओर

तब भी हर शोर के मुँह पर बैठती थी धूल

सन्देहास्पद चुप्पी

पत्थरों को धूप से ज़्यादा कठोर बनाया है
मूक दृष्टियों ने

पहाड़ वाचाल नहीं होते

उनकी त्वचा पर उभरती रहीं सबसे सुगम भाषाएँ
उतरती रहीं कोमल सान्त्वनाएँ

हवाएँ उसकी चन्दन पीठ पर रगड़–पाठ पढ़ती रहीं

नदियाँ देती रहीं,
उदासियों को जवाबी चिट्ठियाँ

बदस्तूर इस ज़मीन पर उतरती रहीं सुबहें
पक्षियों के पंखों से

संसार के सबसे ज़िद्दी लोग पहाड़ देखते रहे
एक सन्देहास्पद चुप्पी के साथ

जगहें

सब भूलते हैं अपना धर्म
अग्नि नहीं भूलती अपना स्वाहा–संगीत

सबसे मदान्ध नृत्य
जिसकी गोद में सोता है

राख़ के बाद
मृत्यु के बाद
पराजय के बाद
बारिश के बाद

अग्नि नहीं भूलती लौटना इस पृथ्वी पर

हमेशा बची रहती हैं
उसके पैदा होने की जगहें

भरोसा

मेरी हत्या उसी घाट पर हुई
जहाँ धूल में सनी थी
एक बकरी की प्यास
और
एक पैना घात

लोगों ने घात को दोष दिया
बेमेल संगत पर मुझे बेवकूफ़ ठहराया और
सवाल उठाया नदी की चुप्पी पर

घर लौटते समय वह संग लेते गये
किनारे बैठे उस निर्वाक भरोसे को

जिसकी उँगली पकड़ कर मैं आयी थी घाट पर

जो घटना का अकेला चश्मदीद था
जो शामिल था मेरी हत्या में
जो भागा था
सबसे पहले हाथ छुड़ा कर

मौन

भीड़ की तरह खड़ी थीं दीवारें

प्यास से भरे एक कुएँ में मेरे साथ जाग रही थी
घास की नोक पर बैठी एक बूँद नमी

असंवाद के उस महान शोर में मुझे याद आ गया
एक भूली जा चुकी लोककथा का नायक

उसने बताया
'जयभारत' का महान रक्तपात अठारहवें दिन तक कदापि
न चलता
अगर पार्थ के भीतर यूँ ही जमे रहने देता
एक किंकर्तव्यविमूढ़ मौन

हर मौन के भीतर होता है हिलोरें मारता शोर
उसने बताया समुद्र के शान्त रहने का राज़

प्यास

रेत से रिश्ता है मेरा

उतना ही गहरा
उतना ही खरोंच से भरा

रातों की हथेलियों पर बिन माँगे ही
एक बुरे स्वप्न की तरह
जैसे तुम टिके रहते हो

प्यास भी वैसे ही ढूँढ़ लेती है
एक निवाला रेत

मृत्यु

आँखों में नमक ढूँढ़ती
कायर दुनिया

दीवार में सीलन नहीं पसन्द करती
भाषा से बाहर नहीं जाती

उम्र को घूरती हुई
वह बस इतना बताती है
कि रंग और धूल के बीच पिस कर
मरने वाले हो तुम

थकान

धूप के वज़न से
एक थकी देह कुछ नहीं कर सकती

जिसके पास प्यास है
जिसके पास इच्छा है
जिसकी पीठ में बँधे हैं कुछ शुभाकांक्षी श्वेत पुष्प

वह एक हताश देह के भीतर
पानी का टोकरा लिए है

धूप थकान को जानती है
प्रेम को नहीं

भाषा

नदी के सतह पर
जिस भाषा में लिखा होता है
वियोग

वह उस भाषा में लिखेगी–ज़िद

हवा पर
दीवार पर
मौन के भीतर
सेंधा नमक से भरी पहाड़ियों पर

वह खिड़की की आँख से हरा देगी
उस भाषा के सभी शब्द

वह लौटेंगी

ताल पर झूमते हुए
बेसुरे अलाप जितनी नैसर्गिकता उसके पास है

उसके नृत्य में लड़खड़ाहट भरी है
उसकी साँसों में हड़बड़ी

उस मौसम का पहला शब्द अभी–अभी
उसके होंठों से गिरा
और हवा में खो गया

वह अब प्रेम सीखेगी नहीं
न ही सिखायेगी

वह हवा के भीतर छुअन बन कर रहेगी
और हर बारिश लौटेगी

कविता की भूख

दियासलाई की एक करंट भरी तीली में
जितनी आग जमा है

झपकना भूल गयी एक जोड़ी आँख में
जितना विस्मय

हवा के भीतर जितनी ख़बर

एक खाली दीवार पर चिपकी हैं
जितनी भी उदासियाँ

वह सब अपने पते पर चली जायें
या घट जायें
उस शहर के भीतर

जहाँ कविता की भूख बेदम हो रही है

इच्छाएँ

शव और भी भारी हों
प्रतीक्षाएँ और भी विकट

प्रेमी होते रहे निष्ठुर
मौसम कभी आये या न आये

धरा पर टिका रहे एक डूबता हुआ सूर्य

पर आँखों में जब भी झाँका जाये
मिले वहाँ इच्छाओं का ज़ोर मारता
एक आकाश

उल्टी घूमती घड़ी

1.

तुम्हारी दुनिया का समय चक्र
हमें स्वीकार नहीं

तुमने रंग लिया नक्षत्रों को जनेऊ के पीले रंग से
हरे पत्तों ने पीला रंग स्वीकार किया बसन्त के नाम पर
सीधा घूमते हुए तुमने उल्टी दिशाएँ तय कीं

हम पीछे से आये उल्टी घड़ी[1] के काँटों के सहारे
पीछे हम उतने ही सुन्दर थे जितनी अरावली की चोटियाँ

2.

सभ्यताएँ ठहरती कहाँ हैं
जैसे तुम रुके कहाँ अब तक
आगे भागते हुए तुमने संकेतों की शैली नष्ट कर दी
मिट्टी के दिए को फूँक मारकर बुझा दिया

---

1. आदिवासी प्रकृति पूजक हैं इसीलिए उनका मानना है कि प्रकृति के विपरीत आचरण नहीं करना चाहिए। प्रकृति के चक्र के अनुसार उन्होंने अपनी घड़ी का निर्माण किया है।

एक पेड़ की भाषा में कहें तो तुमने
चूल्हे की लकड़ियों पर मूलधन
बराबर ब्याज वाली थ्योरी दे मारी
तेज़ भागती घड़ी की टिक–टिक के साथ
तुमने सत्यनारायण की कथा सुनी
पीतल के लोटे में जल भरा
हवन में अन्तिम समिधा डालते हुए
घी की पतली धार के साथ
स्वाहा कर दिया हमारी उत्पत्ति का अन्तिम प्रमाण

3.

तुम घड़ी की टिक–टिक के साथ भागते हुए एक
भगोड़े हो

जिसने बायीं ओर से घुमायी जाने वाली आरती की थाल को
दायीं ओर घुमाते हुए रची अपने लिए एक नयी दुनिया

हमारे पूर्वज बायीं से दायीं दिशा में खेत जोतते हुए
प्रकृति को जोहार कहना नहीं भूलते थे
सात फ़ेरों के वक़्त दूल्हा घूमता है अपनी दुल्हन के साथ
जैसे घूमते हैं
ग्रह जैसे घूमता है पानी में भँवर बायें से दायें
जैसे बैठता है साँप कुण्डली मारकर
जैसे पेड़ से गिरता है कोई पत्ता जैसे चढ़ती है कोई
बेसहारा बेल
किसी मज़बूत वृक्ष के तने पर

तय तो यही हुआ था
कि दायें से बायें घूमते हुए आयेंगे सब अपनी जगह पर

प्रकृति को दायें से बायें वाली कहानी में फेरबदल पसन्द नहीं
कि हानाडुमा (पूर्वजों की आत्मा) की तरह प्रकृति ने
अपनी इस थ्योरी में छुपा रखा है जीवद्रव्य

4.

हमारी घड़ी उल्टी घूमती ज़रूर है परन्तु
समय की बुरी मार से सचेत करते हुए
अपनी टिक–टिक में रहस्यों का ताबीज़ बाँधे
हमारे चौबीस घण्टे के कर्मों का लेखा–जोखा छोड़ आती है
पुरखों की बासी देह में

जीवित हैं हमारे पुरखे घड़ी की टिक–टिक में

5.

तुम्हारे समय देखने का तरीक़ा हमें स्वीकार्य नहीं
तुम आगे की ओर बढ़ते हो और हमें अभी भी पीछे की ओर
छूट गयी चीज़ें खींचती हैं

हमें पता है
सीधी घूमती हुई घड़ी बहुत तेज़ भागती है
हमारे अस्तित्व को तुम्हारी घड़ी की टिक–टिक से
जोड़ने के बावजूद भी
हम उल्टा घूमकर लौट आते हैं अपनी जगह

हम समय को उल्टा देखते हैं आधुनिकता के पथ पर
पाँव–पाँव भागती सभ्यताएँ
समय को सीधा देखते हुए
निकल जाती हैं अपने समय से बाहर

6.

हम सीधे–सीधे अपनी बात नहीं करते
हमारे संकेतों में हमारे प्रतिरोध का स्वर भरा होता है
उल्टी घूमती हुई घड़ी हमारे लिए शुभ समय का संकेत है

उल्टी घड़ी को हमारे उल्टे पाँव लौट जाने का
संकेत मान सकते हैं और अब
'ऐ... मारी रोसोना चीतरकोट चो घूमर सोभा सरग–रानी आय'

तुरही की धुन पर ऐसा कोई गीत गुनगुनाते हुए हम
तुम्हारे समय के बाहर निकल जाना चाहते हैं

बैलाडीला के लोहे पर मेरे बाप का नाम दर्ज है

बैल के कन्धे का उभरा हुआ हिस्सा जैसी
आकृति लिए तुम लोहे का नहीं हमारे लिए
हिम्मत का पहाड़ हो
जिसकी सबसे ऊँची चोटी 'नन्दीराज पर्वत' को पूजते आये
हैं हमारे पुरखे

यूँ ही नहीं पुकारते तुम्हें बस्तरवासी गर्व से
'बस्तर का मस्तक' कि
हमारे बच्चे हाथों में पेंसिल का एक टुकड़ा थामे
तुम्हारी जड़ों में दबी
रानी प्रफुल्लकुमारी देवी[1] की नार खींच कर
तुम्हें उनकी शहादत के लहू से रंग सकते हैं
रानी की कुर्बानी के क़िस्से में
बहुत से रंग अभी बाक़ी हैं

तुम हमारे लिए खारे पानी की झील हो
जिसके किनारे खड़े होकर हम

---

1. बस्तर की महारानी। अंग्रेज़ बैलाडीला पहाड़ हैदराबाद के निजाम को बेचना चाहते थे इसका बस्तर की तत्कालीन महारानी प्रफुल्लकुमारी देवी ने विरोध किया था जिनकी वजह से आज बैलाडीला के पहाड़ बस्तर में बचे हुए हैं।

'बैलाडीला बैलाडीला मय आँय बस्तर चो आदिवासी पीला'
जैसा मीठा गीत
गुनगुना सकते हैं
बावजूद हमारे गले में नहीं उतर सकतीं तुम
जून की भरी दोपहरी में
ज्वार व मँडिया पेज की तरह

तुम्हारी देह से सारा लहू चूसने के बाद भी
तुम तन कर खड़ी रहोगी
तुम्हारे पास हरे सोने की खदानें तैयार खड़ी हैं
तुम्हारी देह का सारा मांस गिद्धों के नोच लेने के बाद भी
तुम दान कर सकती हो भूखे–नंगों को अपनी हड्डियों का
कैल्शियम

तुम्हारी साँसों को जापान के जंगलों की
हवाओं की आदत नहीं
नगरनार की ज़रा–सी गर्मी में पिघल
सकती हो तुम शुद्ध सोने की तरह
तुम्हें ख़रीद सकने की जुगत में
रूस की हवाइयाँ निकल गयीं

तुम मूलधन के किसी ब्याज की तरह
इसकी उसकी तिजोरी में भले ही जा गिरो
लोहे की पटरी पर दौड़ती हुई तुम
तड़पती हो लौट–लौट आने की हड़बड़ी में
जबकि तुम जानती हो
तुम्हारी देह हमारे लिए किसी 'नागमणि' की तरह है

तुम्हारी मांसल देह से नहीं बल्कि तुम्हारी हड्डियों की जोड़
से तैयार किया है
हमने अपने हिस्से का खुला आकाश

अच्छा तुम्हें याद है
दीवार पर टँगी हुई तुम्हारी देह से बनी इस तलवार ने
साफ़ किया हो कभी अपनी नोक पर लग आये
जंग को किसी भेड़िए के ताज़ा ख़ून से

यह तो सब जानते हैं
तुम्हारी गर्भ में पीढ़ियों तक लोहे का भ्रूण पलेगा
पर यह कोई नहीं जानता
पैदा होने वाले लोहे पर
अब किसी अजनबी के बाप होने का
ठप्पा नहीं लगेगा

हमारी हथेलियों ने अभिवादन में दोनों हाथ जोड़ना
छोड़कर जोहार कहना सीख लिया है

लाल मिट्टी का दर्द

जैसे कोई पंडरी लेकी भित्तिचित्र उकेरते हुए गाती है
रानो बेलो रे, रानो बेलो रे...
जैसे कोई वन भैंसा लड़ता है आखेट नृत्य में
तीर की नोंक से
जैसे कोई लेका झपट कर धर लेता है धुंगिया
अपनी जीभ पर
जैसे कोई लमझना डूबकर उभरता है प्रेम में
जैसे कोई पगडण्डी भागती है सड़क से दूर
जैसे कोई दण्डामि–माड़िया नृत्य से पहले धारण करना
चाहता है गौर सींग
जैसे कोई स्वाद घोलता हो इंडीपुड़ी[1] करी में
जैसे कोई पढ़ता हो 'पदिओरा'[2] इतिहास पहाड़ की
तलहटी में
जैसे कोई लिंगो उठा ले जाता हो पुसबाका[3] की परियों को
ख़ून से लथपथ
जैसे कोई पीता हो लिंगागिरी की लाड़ी मदहोश होकर
जैसे कोई मछुआरा फँसाता हो बड़ी मिन्नत के बाद
तालपेरू नदी की मछलियाँ

---

1. छिन्द के पेड़ में पलने वाला कीड़ा।, 2. हमारा इतिहास।, 3. बीजापुर का एक गाँव जहाँ आदिवासी महिलाओं का बलात्कार हुआ।

जैसे कोई पकाता हो 'कड़कनाथ' मुर्गा चूल्हे की धीमी आँच पर
जैसे संगम में उगता सूरज भद्रकाली मन्दिर की मुँडेर को छूता हो
जैसे युधिष्ठिर बैठे हों ऊँची पहाड़ी पर धर्म की प्रतीक्षा में
बस वैसे ही ताज़ा सल्फ़ी की तरह
गट–गट की आवाज़ के साथ
मैं भी पी जाना चाहती हूँ लाल मिट्टी का दर्द

सही अन्त

तुम्हारे शरीर से महुए की गन्ध आती है
तुम्हारा चेहरा किसी बर्फ़ीली नदी–सा सफ़ेद हुआ जाता है
टोरा बीज फोड़ते हुए कठोर हुए जाते हैं तुम्हारे हाथ

तुम लूगा घुटनों तक बाँधती हो
तुम्हारे पैरों के नीचे फूटने वाला कोयला
तुम्हारी देह की गर्मी से आग हुआ जाता है
तुम्हारी फटी हुई एड़ियाँ सोख लेती हैं
धरती का कसैलापन

तुम्हारा मन पुड़गा के जले हुए पत्ते पर
झर कर बिखर जाता है यहीं कहीं खेत की मिट्टी में

विदा से पहले तुम भर लेती हो आँचल में
मौसमी फलों के बीज

जीवन का सही अन्त सिर्फ़ तुम्हें पता है
मरने के बाद तुम्हारी आत्मा सरई का पेड़ होना चाहती है
ताकि किसी मोटियारी के गुदना में
तुम देख सको संसार का सुख

फुलगुना

तुम्हारीं फुलगुना का आकार
तय करता है
तुम कितनी सुखी हो

तुम्हारी नाक पर दमकता फुलगुना
तुम्हारे भीतर का ताप मापने का
पैमाना भर नहीं बल्कि
तुम्हारे अस्तित्व का वह स्तम्भ है

जिस पर खड़ी होकर तुम
देख सकती हो धरती के
वंचित समुदाय को नेपथ्य में
धकेलने का सच

नाक पर उठा हुआ यह फुलगुना
तुम्हारी साँसों में क्रान्ति गीत की ऊष्मा बनाये रखती है

तुम जानती हो फुलगुना का इतिहास
श्रृंगार से कहीं ज़्यादा यह
तुम्हारे आत्माभिमान का प्रतीक है

---

1. थोड़े बड़े आकार की नग जिसे बस्तर की महिलाएँ अपने दोनों नाक में पहनती हैं।

जहाँ ईश्वर की मौत निश्चित है

सबसे बाँट लिए हैं, अपने–अपने ईश्वर
जंगल, नदी, पहाड़ ही आये हमारे हिस्से
हमने गढ़ा अपना देव अपनी शर्तों पर

हमारे हिस्से जंगल था सो हमने
लकड़ी में प्राण फूँक दिये
हमने ईश्वर की बनायी हुई दुनिया में
अपने हिस्से का संसार अकेले ही रचा

तुलार[1] पर्वत ने किसी चित्रकार की तरह
आंगा की तस्वीर उकेर दी पत्थरों पर

ताकि पहचान सकें हम अपना देव
हमारे हिस्से पहाड़ थे सो हमने पहाड़ों की कठोर
भाषा में तय किये अपने जीवन के मूलमन्त्र

देव की नाल काटती गाँव की औरतें
शल्य चिकित्सक की भाँति सतर्क होती हैं

---

1. बस्तर की एक रहस्यमयी गुफा जहाँ शिव जी विराजे हैं गुफा के आसपास किसी तरह का पानी का स्रोत नहीं है बावजूद गुफा की चट्टानों से लगातार पानी का रिसाव होता रहता है।

जैसे किसी ने कम्प्यूटर में भरा हो कोई सॉफ्टवेयर
वैसे ही वो भरतीं आंगा देव के हृदय में
चलती–फिरती हड्डियों के लिए प्रेम

देव ने हमें नहीं हमने देव को दिया जन्म
देव की उम्र निर्धारित होती है
देव यहाँ मुनष्यों की तरह जीता, खाता, हँसता, बोलता है
देव की मनमानी की परिधि तय है

धर्म ने ईश्वर बाँट दिये परन्तु हमने देव को काम
देव यहाँ मूकदर्शक की भूमिका में नहीं आते
संकेतों में संवाद की प्रक्रिया चलती रहती है

भक्त की माँग पूरी करना देव की पहली ज़िम्मेदारी है
'एक हाथ दे एक हाथ ले' वाली कहावत
भक्त व देव के बीच प्रार्थनाओं का पुल बनाते हैं

मनुष्यों की बनायी हुई दुनिया की सारी ईंटों को
एक दिन भराभरा कर गिर जाना है

फिर देव कैसे अजर–अमर हो सकते हैं

हमारे हिस्से नदी आयी थी सो हमने
सौंप दिया नदी के पानी को
देव के हिस्से का सारा पुण्य

आंगा देव[1] अब देव नहीं बल्कि
सोमारू की देह बन कर पुनर्जन्म लेते हैं
बस्तर की मिट्टी में जहाँ ईश्वर की मौत निश्चित होती है
वहाँ मनुष्य के ज़िन्दा रहने की गुंजाइश बढ़ जाती है।

---

1. लकड़ी की बनायी गयी पालकी जिसे डोली कहते हैं इस पालकी पर देव की प्रतीकात्मक तस्वीर उकेरी जाती है। यह देवी का चलायमान देवस्थान है।

जंगल का आत्मकथ्य

इन दिनों मैं किताब नहीं पढ़ रही हूँ
इन दिनों मैं पढ़ रही हूँ जंगल
कहानियों में पता लगा रही हूँ
पलाश के मुरझा जाने का कारण

जंगल अपने आत्मकथ्य में लिखता है
उसकी प्रेमिका का हाथ पकड़ कर पतझर ले गया
उस ओर जिस ओर लगी थी बड़ी भयानक आग

पृष्ठ संख्या 2020 पर एक जगह जंगल लिखता है
पानी की तलाश में भटकता हुआ प्यासा हिरन
उन्हें और स्वादिष्ट लगता है
जब जंगल की आग में भूनकर
बित्ताभर रह जाती है उसकी देह

हिरन क्या जाने ज़रूरी विमर्श क्या है
हिरन की प्यास हिरन की मौत या हिरन का गोश्त

बीच में कहीं जान–माल हानि का उल्लेख करते हुए लिखा है
नुक़सान का क्या है वही पुरानी जड़ी–बूटियों का जल कर
राख़ हो जाना

नयी पौध के लिए फल ने कौवों और कोयलों की आँख से बचा रखा था
जो कुछ वह सब बाँस के जलते कोपलों के साथ
पट–पट कर शोकगीत गाते हुए विदा ले रहे हैं अब

कैसी तो प्रजातियाँ थीं गहरे हरे कुएँ में धँसी
जिनकी देह में 'एक सभ्यता' की अन्तिम पंक्तियाँ लिखने भर की हिचकी बाक़ी है

बच्चों के लिए लिखते हुए जंगल बड़बड़ाने लगता है
जंगल में आग लगी दौड़ो–दौड़ो
भागता वही है जिसके पैर के घावों में
जंगल की मिट्टी का लेप लगा हो

बच्चों को गाते हुए भीड़ में रेलगाड़ी बनाकर भागना अच्छा लगता है
बच्चे अभी भी इस गीत को खेलते हुए गाना नहीं भूलते

बच्चे क्या जानें ज़रूरी विमर्श
जंगल की आग, जंगल की दौड़ या जंगल की मौत

पृष्ठ संख्या 2021 के अन्त में जंगल ने
अपने आत्मकथ्य को व्यवस्थित करते हुए लिखा है
कि ख़रगोश, उल्लुओं, बाघों और चींटीख़ोर की ख़त्म होती
प्रजातियों पर कवियों को लिखनी होंगी कविताएँ
कहानियों में जंगल के चरित्र–चित्रण पर कुछ काम किया जा सकता है

बीज, मिट्टी, फल–फूल, हवा और पानी का अपना भी सृष्टि विमर्श होता है

अन्तिम पृष्ठ पर बस यही लिखा था
कि जब कभी लौट कर आना चाहें जंगल के बाशिन्दे
अपनी जगह
तो उन्हें निराश मत होने देना

यह लैपटॉप की स्क्रीन पर लगी आग नहीं है
यहाँ सचमुच जंगल में आग लगी है दौड़ो–दौड़ो

प्रेम में पलाश

जब पेड़ की सारी पत्तियाँ अपने प्रेमियों को
अलविदा का गीत सुनाती हुई रुआँसी हो उठती हैं

उस वक़्त पलाश का
ताज़ा टटका रंग
बचाता है प्रेमियों को ठूँठ होने से

जंगली प्रेमिकाओं को यह राज़ पता था
पलाश के फूलों को पीसकर वैद्य पिलाता है कमज़ोर मरीज़ों को

पलाश के फूलों को पीसकर
पिलाया था कभी उसने अपने जंगली प्रेमी को
उसका प्रेमी आज भी उतना ही मीठा
चुम्बन धरता है अपनी प्रेमिका के होंठों
पर पलाश का मीठा रस चूसते हुए

पचपन की दहलीज़ पार करते हुए
दो प्रेमियों ने जाना कि

मीठे का स्वाद चखने के लिए उनका
स्त्री या पुरुष होना ज़रूरी नहीं

प्रेम में रेत, बारिश, पतझड़ सब एक से लगते हैं

□□